Selbst bauen und gestalten mit
Ziegelsteinen

Alan & Gill Bridgewater

Selbst bauen und gestalten mit Ziegelsteinen

Weltbild

Titel der Originalausgabe *Brickwork for the Garden*
Zuerst veröffentlicht 2004 in England von New Holland Publishers (UK.) Ltd.
Garfield House, 86–88 Edgware Road, London W2 2EA

Copyright © für den Text 2003 by New Holland Publishers (UK) Ltd.
Copyright © für sämtliche Abbildungen 2003
by New Holland Publishers (UK) Ltd.

Deutsche Erstausgabe

Copyright © 2003 der deutschen Übersetzung
by Verlagsgruppe Weltbild GmbH,
Steinerne Furt, 86167 Augsburg
Lektorat: Rosemary Wilkinson, Clare Sayer, Fiona Corbridge
Layout und Design: Alan und Gill Bridgewater, Glyn Bridgewater, Coral Mula
Fotografie: AG & G Books, Ian Parsons
Ziegelsteinprojekte: Alan Bridgewater
Koordination und Bearbeitung der deutschen Ausgabe:
Neumann & Nürnberger, Leipzig
Übertragung ins Deutsche: Sylke Friedrich, Zschirla
Umschlaggestaltung: Silvia Braunmüller, Atelier Lehmacher, Friedberg (Bay.)
Gesamtherstellung: L. E. G. O. spa
Via dell' Industria 2, Vicenza 36100, ITALY

Printed in Italy

Wichtiger Hinweis
Der Verlag hat größte Mühe darauf verwandt, dass alle Angaben in diesem Buch richtig sind. Verlag und Autoren können keinerlei Haftung für Verletzungen, Verluste oder andere Schäden übernehmen, die aufgrund abweichender Ausgangssituationen, durch das Werkzeug oder aufgrund individuellen Verhaltens aus den Informationen dieses Buches entstanden sind.

Alle Rechte vorbehalten. Dieses Buch darf nur nach vorheriger schriftlicher Zustimmung des Copyright-Inhabers vollständig bzw. teilweise vervielfältigt, in einem Datenerfassungssystem gespeichert oder mit elektronischen bzw. mechanischen Hilfsmitteln, Fotokopierern oder Aufzeichnungsgeräten bzw. anderweitig weiterverbreitet werden.

Einkaufen im Internet: www.weltbild.de

Inhalt

Einführung 6

Teil 1: Techniken 8

Entwurf und Planung 10	Mauern 26
Werkzeuge 12	Verbände und Muster 28
Baumaterial 16	Mauern und andere Bauwerke 29
Fundamente 20	Terrassen, Wege und Stufen 30
Beton und Mörtel 22	Abschließende Arbeiten und Reparaturen 31
Schneiden von Ziegel- und Natursteinen und Beton . 24	

Teil 2: Projekte 32

Beetkante 34	Erdbeerfass 80
Gepflasterter Gartenweg 38	Eingangsstufen mit Viertelkreisabschluss 86
Erhöhte Terrasse im Fischgrätverband 42	*Anregungen:* Eingangsstufen 92
Klassisches Vogelbad 46	Mauernische 94
Terrasse mit Beeten 50	Rundes Wasserbecken 100
Anregungen: Gepflasterte Terrassen 54	*Anregungen:* Dekorative Maurerarbeiten 106
Gemauertes Hochbeet 56	Gemauerter Gartengrill 108
Kleine Gartenmauer 62	Mauer mit Schmuckelementen 114
Truhenbank 68	Wasserspeier 120
Säulen 74	

Glossar 126

Register 127

Einführung

Als wir unser erstes eigenes Haus – einen abgelegenen Bauernhof – bezogen, waren wir mit zahlreichen Nebengebäuden aus roten Ziegelsteinen konfrontiert, die sich alle als mehr oder weniger abbruchreif erwiesen. Wir stellten jedoch fest, dass die Steine sehr hart und noch in gutem Zustand waren, der Kalkmörtel dagegen ließ sich relativ einfach abkratzen. So beschlossen wir, die Steine der Nebengebäude nach deren Abbruch erst einmal zu lagern um damit später eventuell das Haupthaus zu erweitern. Wir fanden außerdem einen Maurer im Ruhestand im Dorf, der uns mit gutem Rat zur Seite stehen wollte.

Die darauf folgenden zehn Jahre verbrachten wir damit, an unserem Haus zu bauen – Gill säuberte die Steine und auch unsere beiden kleinen Söhne halfen kräftig mit. Natürlich war es harte Arbeit und auch einige Fehler sind uns nicht erspart geblieben, doch gab es immer wieder ein neues, interessantes Projekt, das uns zum Weitermachen anspornte. Wir hatten riesigen Spaß daran, aus den Steinen Mauern und Bögen, Säulen, Hochbeete, Gartenwege, Schuppen und sogar die obere Hälfte eines Brunnens zu bauen.

Dieses Buch haben wir geschrieben, um unsere Erlebnisse und Erfahrungen mit Maurer- und Pflasterarbeiten im Garten mit Ihnen zu teilen. Bei jedem Projekt werden wir zunächst den Entwurf besprechen, Änderungsvorschläge machen und Alternativen vorstellen, so dass Sie das Vorhaben Ihren speziellen Bedürfnissen anpassen können. Wir erklären Ihnen, wie Sie die Werkzeuge

und Materialien verwenden und erläutern die erforderlichen Techniken. Die Illustrationen und Fotografien zeigen jeden Arbeitsschritt noch einmal im Bild. Wir durchlaufen mit Ihnen also alle Projektphasen, angefangen vom Entwurf, über die Vorbereitung und den Bau bis zu den abschließenden Tätigkeiten.

Zum Mauern und Pflastern braucht man keine teuren Werkzeuge und auch kein umfangreiches Fachwissen, nur ein paar Grundkenntnisse, Ideen, Muskelkraft, Geduld und gute Laune. Also ran an die Steine und viel Spaß!

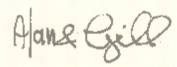

GESUNDHEITSSCHUTZ UND ARBEITSSCHUTZ

Einige Tätigkeiten bergen ein erhebliches Gefahrenpotential, lesen Sie deshalb die folgenden Hinweise, bevor Sie mit der Arbeit beginnen:

- Für einige der Projekte braucht man eine sehr gute körperliche Konstitution. Wenn Sie sich nicht sicher sind, ob Sie der physischen Anstrengung gewachsen sind, holen Sie sich Rat bei Ihrem Arzt. Beim Heben schwerer Gegenstände sollte man die Belastung des Rückens minimieren, indem man die Gegenstände möglichst eng am Körper hält und nicht den Rücken, sondern die Knie beugt.
- Bedienen Sie keine elektrischen Maschinen und versuchen Sie niemals schwere Gegenstände zu heben oder zu manövrieren, wenn Sie sich müde fühlen.
- Tragen Sie beim Zerkleinern von Ziegelsteinen Arbeitshandschuhe und eine Schutzbrille. Beim Mischen von Zement, bei der Arbeit mit dem Winkelschleifer oder mit Hammer und Preileisen sind Handschuhe, Schutzbrille und Staubmaske Pflicht.
- Beachten Sie stets die Anweisungen des Herstellers der Geräte oder Materialien.
- Bei den Arbeiten sollten stets ein Erste-Hilfe-Kasten und ein Telefon in der Nähe sein. Arbeiten Sie wenn möglich niemals allein.
- Legen Sie in Ihrem Grundstück keine Wasserbecken an, wenn Sie kleine Kinder haben. Kleine Wasserspiele oder Wasserspeier sind die sicherere Alternative. Lassen Sie Kinder im Garten niemals unbeaufsichtigt!
- Verwenden Sie bei der Arbeit mit elektrischen Werkzeugen und auch bei Wasserpumpen einen Fehlerstrom-Schutzschalter (zwischen Steckdose und Gerätestecker), der im Falle der Beschädigung des Kabels Stromschläge verhindert.

Teil I: Techniken

Entwurf und Planung

Die Kunst beim Mauern und Pflastern besteht in der guten Koordination von Geist, Hand und Auge, die Schlüsselworte sind Planung, Rhythmus, Wiederholung und gutes Timing. Ein erfahrener Maurer mit geschultem Auge braucht nur selten nachzumessen und errichtet ein Bauwerk mit minimalem Verschnitt. Muss man doch einmal einen Stein zerteilen, dann sollte man es möglichst gleich richtig machen. Wenn Sie die Steine so verwenden können, wie Sie diese vorfinden – neu, gebraucht oder aus Restbeständen –, umso besser!

ERSTE ÜBERLEGUNGEN

- Was möchten Sie erreichen? Schreiben Sie die Aspekte auf, die Ihnen wichtig erscheinen.
- Ziegelsteine und Klinker gibt es in vielen verschiedenen Farbtönen und mit unterschiedlichen Oberflächen. Finden Sie heraus, was in Ihrer Gegend im Angebot ist und wählen Sie sich dann die Steine aus, die Ihnen besonders gefallen.
- Es ist wahrscheinlich, dass Sie die Abmessungen, die Form oder die Proportionen der hier vorgestellten Bauwerke der konkreten Situation in Ihrem Garten anpassen müssen. Legen Sie die genauen Maße möglichst passend zu den Abmessungen der von Ihnen ausgesuchten Steine fest und planen Sie den Grundriss so, dass Sie möglichst wenige Steine teilen müssen. (Auf den Seiten 24 und 25 finden Sie Hinweise zum Zerteilen von Steinen.)
- Standort und Ausrichtung sind wichtige Faktoren beim Bauen. Markieren Sie den Grundriss des geplanten Bauwerks am Standort Ihrer Wahl mit Stöcken, einer Plastikplane oder Sperrholzplatte und halten Sie dann nach möglichen Problemen Ausschau: Wird eine häufig begangene Route durch den Garten blockiert? Wie steht es mit der Sichtbarkeit? Wie fallen die Schatten der Bäume?
- Falls es sich bei dem Projekt um ein Wasserbecken oder eine andere Wasserinstallation handelt, ist die Entfernung zum nächsten Wasseranschluss bzw. zur nächsten Steckdose zu berücksichtigen, denn man muss zur Verlegung des Wasserrohrs und des Stromkabels einen Graben ausschachten.
- Kalkulieren Sie die Kosten und den Zeitbedarf genau, damit Sie sich mit dem Bauvorhaben nicht übernehmen.

Auswahl eines geeigneten Projekts

Manchmal sieht man irgendwo in einem Park oder in einem anderen Garten etwas, das einem so gut gefällt, dass man es unbedingt im eigenen Garten kopieren möchte. Leider entstehen dabei manchmal Bauwerke, die viel zu dominierend sind oder deren Stil überhaupt nicht mit der Architektur des Hauses oder der übrigen Gartenanlage harmoniert. Bevor Sie sich also für ein Bauvorhaben entscheiden, sollten Sie Ihren Garten, den Hof und das Haus kritisch betrachten und überlegen, wie sich das Gesamtbild verbessern lässt. Falls Ihnen Ihr Grundstück etwas überladen erscheint, ist es vielleicht angebracht, ein vorhandenes Bauwerk abzureißen, zu verkleinern oder kleine Änderungen daran vorzunehmen, damit es sich harmonischer in die Umgebung einfügt. Wenn Sie auf Brachland gebaut haben, sollten Sie zuerst einen Entwurf für den gesamten Garten machen und sich dann überlegen, welche der hier vorgestellten Projekte dort hinein passen würden.

Gartenbauten entstehen meist nicht aus purer Notwendigkeit, sondern sind vor allem dazu gedacht, den Garten schöner und gemütlicher zu machen. Deshalb sollten Sie sich nicht nur von der Funktionalität, sondern auch von stilistischen Aspekten leiten lassen. Bei allem Enthusiasmus darf man jedoch niemals die Sicherheit außer Acht lassen und sollte beispielsweise dort, wo kleine Kinder spielen, auf Teiche oder Wasserbecken lieber verzichten.

Projektplanung

In der Planungsphase muss man die Entscheidung über die genaue Größe und den Standort des Bauwerks treffen. Bei einer Terrasse vor dem Haus müssen Sie jetzt zum Beispiel die Endhöhe in Bezug auf die Hausmauer oder Türschwelle und das erforderliche Gefälle, das das Regenwasser vom Haus weg ablaufen lässt, festlegen.

Bei den Projekten im zweiten Teil des Buches haben wir bereits einen Großteil der Planung für Sie erledigt, Sie sollten jedoch alle Hinweise hinsichtlich etwaiger Anpassungen, die auf die entsprechenden Seiten in diesem Teil verweisen, beachten. Vermessen Sie den gewünschten Standort und machen Sie sich eine einfache Skizze auf Millimeterpapier, auf der Sie sehen können, wie das Fundament aufgebaut ist und wie das Bauwerk errichtet wird. Manche Bauten bereiten etwas mehr Kopfzerbrechen als andere, zum Beispiel Stufen. Dabei muss man unbedingt bestimmte Abmessungen einhalten, sonst läuft man Gefahr sie zu wahren Stolperstufen zu machen. Mauern, die zu lang oder zu hoch sind, können sich neigen oder zusammenfallen, wenn sie nicht ausreichend gestützt sind (siehe S. 29 – 30).

Jedes Maurervorhaben erfordert ein Fundament, d. h. eine feste, waagerechte (oder im Falle von Terrassen leicht abfallende) Grundfläche. Man sollte sich den Aufbau des Fundamentes ebenfalls aufzeichnen und die Stärke der einzelnen Schichten beachten. Soll die Terrasse beispielsweise auf gleicher Höhe mit der umgebenden Rasenfläche liegen, muss man die Dicke der Pflastersteine und auch die Stärke des Fundaments kennen, damit man den Boden genau bis zur erforderlichen Tiefe ausschachten kann.

Kauf der richtigen Werkzeuge und Materialien

Nachdem Sie einen detaillierten Entwurf für das Projekt erstellt haben, sollten Sie eine Liste der benötigten Materialien und Werkzeuge anfertigen. Wenn Sie selbst nicht alle benötigten Geräte besitzen, fragen Sie im Bekanntenkreis nach oder gehen Sie zu einem Werkzeugverleih.

ZIEGELSTEINBAUTEN FÜR DEN GARTEN

Auf dem **Grillplatz** steht ein stabiler rustikaler Grill mit Rauchabzug.

Die **Truhenbank** ist nicht nur Sitzplatz, sondern bietet auch Stauraum für kleinere Gartenutensilien.

Die **erhöhte Terrasse** besticht durch den lebendig wirkenden Fischgrätverband.

Das **klassische runde Wasserbecken** dient als Lebensraum für Goldfische.

Die **Säulen** lassen den Eingang imposant wirken.

Mit diesem **dekorativen Hochbeet** lassen sich allzu formelle Strukturen auflockern.

Die **kleine Gartenmauer** bildet eine optische Grenze zwischen zwei Ebenen.

Eine **Mauernische** ist ein Stück faszinierende Gartenarchitektur, die Besucher neugierig macht.

Die **Terrasse mit integrierten Beeten** bietet Platz für kleine Pflanzen wie zum Beispiel Rosen und Kräuter.

Das **klassische Vogelbad** ist vom Haus aus gut zu sehen, so dass man auch im Winter die Vögel beobachten kann.

Die **Stufen mit Viertelkreisabschluss** lenken den Blick auf die Eingangstür.

Das **Erdbeerfass** ist ein maßgeschneidertes Hochbeet für Erdbeeren.

Der **Wasserspeier** ist hübsch anzusehen und kindersicher.

Der **gepflasterte Gartenweg** ist in warmen Farbtönen gehalten.

Die **Mauer mit Schmuckelementen** ist ein faszinierendes Kunstwerk mit verschiedenen Motiven.

Die **Beetkante** sieht nicht nur hübsch aus, sondern erleichtert auch das Rasenmähen.

LINKS Dieser Plan zeigt, wie man mit den im Buch vorgestellten Projekten einen Garten mit reizvollen Flächen und Bauten aus Ziegelsteinen gestalten kann.

Werkzeuge

Zum Mauern und Pflastern braucht man nicht sehr viele Werkzeuge, diese sollten aber von bester Qualität sein. Wenn Sie nur ein begrenztes Budget zur Verfügung haben, empfehlen wir Ihnen besonders bei den Mauerkellen und bei der Wasserwaage (möglichst aus Holz) auf Qualität zu achten und eventuell bei den Schaufeln usw. etwas zu sparen. Auf den folgenden Seiten sind die wichtigsten Werkzeuge und auch die Geräte, die man sich für größere Projekte ausleihen sollte, beschrieben.

ZU IHREN EIGENEN SICHERHEIT

Handschuhe   *Schutzbrille*   *Staubmaske*   *Ohrenschützer*

Schutz für Hände und Füße
Mauern und Pflastern bedeutet auch Graben, Zerkleinern von Bauschutt und die Handhabung von Ziegelsteinen – alles harte Arbeiten für die Hände, deshalb sollte man dabei stets robuste Lederhandschuhe tragen, auch wenn man diese hin und wieder ausziehen muss um kleinere Teile einzupassen usw. Beim Mischen von Beton und Mörtel empfiehlt es sich wasserdichte, dicke Gummihandschuhe zu tragen, die die Haut vor dem Kontakt mit dem ätzenden Zementpulver schützen. Arbeitsschuhe aus stabilem Leder, idealerweise mit metallverstärkten Spitzen, schützen Ihre Füße.

Zusätzliche Schutzausrüstung
Manche Arbeiten erfordern eine umfassendere Schutzausrüstung, vor allem das Trennen von Steinen, denn dabei entstehen scharfe Splitter und viel Staub. Tragen Sie eine Schutzbrille wenn Sie Bauschutt zerkleinern, Steine zerbrechen oder zerschneiden und eine Staubmaske, wenn Sie mit Zementpulver arbeiten. Bei der Arbeit mit dem Winkelschleifer sind stabiles Schuhwerk, Handschuhe, eine Schutzbrille, eine Staubmaske sowie Ohrenschützer Pflicht.

WERKZEUGE ZUM MESSEN UND ANREISSEN

großes Bandmaß   *kleines Bandmaß*   *Pflöcke und Schnur*

Wasserwaage

Vermessen und Abstecken der Baustelle
Wenn Sie noch keine Erfahrung mit Maurerarbeiten haben, wissen Sie vielleicht nicht so richtig, womit Sie anfangen sollen. Deshalb hier einige Hinweise: Alles beginnt mit dem Fundament. Sie können entweder ein vorhandenes Fundament wie zum Beispiel eine stabile Terrasse (siehe S. 21) nutzen oder Sie müssen ein neues anlegen und dazu erst einmal den Boden ausschachten. Markieren Sie mit Hilfe eines Bandmaßes, mit Pflöcken und Schnur den Grundriss des Fundaments (siehe S. 21). Falls es sich um eine unregelmäßige Fläche handelt, nehmen Sie zum Markieren Kreide oder Sprühfarbe. Schachten Sie den Boden bis zur erforderlichen Tiefe aus. Bei festem Boden kann man auf eine Randschalung verzichten, ist der Boden jedoch locker und sandig, baut man aus Brettern eine Schalung, die den Zement bis zum Erhärten in Form hält.

Messen und Markieren während der Bauarbeiten
Die genauen Abmessungen der Projekte sollten auf der Grundlage der Abmessungen der verwendeten Ziegel (siehe S. 17) festgelegt werden. Dann markiert man die Länge und Breite der ersten Schicht mit Hilfe eines Bandmaßes oder Lineals mit Kreide auf dem Fundament oder legt die Steine zunächst ohne Mörtel aus, richtet sie aus und zeichnet den Umriss mit Kreide auf.

Wenn Sie die erste Schicht Ziegelsteine verlegt haben, prüfen Sie mit der Wasserwaage die waagerechte und senkrechte Ausrichtung. Zur besseren Orientierung während des Mauerns empfiehlt es sich eine Schnur zu spannen. Auch eine Schichtenlatte für gleichmäßig breite Fugen ist ein nützliches Hilfsmittel.

WERKZEUGE ZUM BAU VON FUNDAMENTEN

Spaten — *Grabegabel* — *Schaufel* — *Vorschlaghammer* — *Schubkarre* — *Eimer* — *Harke*

Entfernung des Mutterbodens und Ausschachten des Fundaments

Nachdem man den Grundriss mit Schnur, Kreide oder Sprühfarbe markiert hat, trägt man den Mutterboden ab und schachtet dann ein Loch bis zur erforderlichen Tiefe aus. Liegt die Baustelle inmitten einer Rasenfläche, sticht man mit einem Spaten zunächst die Rasensoden ab und hebt diese dann mit einer Grabegabel ab. Eine Schubkarre dient zum Abtransport der Erde. Handelt es sich nur um kleinere Mengen oder muss man an einer schwer zugänglichen Stelle arbeiten, transportiert man die Erde in Eimern. Eimer und Schubkarre dienen außerdem zum Transport anderer Baumaterialien. Um ein Loch in extrem hartem oder steinigem Grund zu graben, benötigt man spezielle Werkzeuge wie zum Beispiel eine Spitz- oder Flachhacke.

Verdichten der Schotterschicht

Die Schotterschicht (Ziegelsteinbruch, Natursteine und Betonreste) muss verdichtet werden, damit sie eine stabile Basis bildet. Mit einem Vorschlaghammer zerkleinert man alle großen Stücke und stampft den Schotter in den Boden, bis man eine kompakte, gleichmäßig dicke Schicht erhält. Bei größeren Flächen (mehr als 2 m²) ist das schwere körperliche Arbeit und Sie sollten sich dafür ein paar Helfer organisieren. Etwas einfacher geht es, wenn Sie sich fertigen Schotter einer definierten Korngröße liefern lassen. Tragen Sie immer eine Schutzbrille um Ihre Augen vor umherfliegenden Steinsplittern zu schützen.

Verteilen von Kies, Sand und Beton

Zum Schippen von Kies, Sand und Beton braucht man eine Schaufel. Zum Verteilen trockener Materialien über eine größere Fläche eignet sich eine Harke. Eine Abziehlatte dient zum ebenen Abziehen von Sand, Kies oder frischem Beton. Eine Abziehlatte ist nichts weiter als eine gerade Holzlatte, die mit ihren Enden auf der Schalung aufliegt (siehe S. 40). Manchmal bestehen Fundamente für Terrassen oder Gartenwege nur aus trockenen Materialien, die ohne Zement eingebaut werden. In diesen Fällen sollte man sich eine Rüttelplatte ausleihen zum Verdichten der Kies- und Sandschichten.

WERKZEUGE ZUM MISCHEN VON BETON UND MÖRTEL

Mischen von Hand

Das Mischen von Beton und Mörtel von Hand ist ebenfalls harte Arbeit. Als Unterlage eignet sich eine große Sperrholzplatte oder ein Blech. Weiterhin braucht man eine Schaufel und einen Eimer für das Wasser. Wenn Sie insgesamt mehr als 25 kg Zement oder Mörtel benötigen, sollten Sie sich einen Mischer ausleihen.

Arbeit mit dem Mischer

Mit einem Betonmischer kann man Beton oder Mörtel herstellen. Er spart nicht nur viel Zeit, sondern mischt den Zement und die Zuschlagstoffe auch viel gründlicher als das von Hand möglich ist. Betonmischer kann man in unterschiedlichen Größen kaufen oder mieten. Mit den kleinen, elektrisch betriebenen Mischern kann man in einem Arbeitsgang etwa zwölf Schaufeln Zement und Zuschlagstoffe mischen, was etwa eine Schubkarre voll Beton oder Mörtel ergibt. Lesen Sie die Gebrauchsanleitung für den Mischer, bevor Sie mit der Arbeit beginnen. Denken Sie daran, dass Mörtel- und Zementreste im Mischer schon nach kurzer Zeit hart werden, deshalb muss dieser gleich nach dem Ende der Arbeiten gründlich mit Wasser und einer Bürste gesäubert werden.

MAURERWERKZEUGE

Maurerkelle

Fugenkelle

Verteilen des Mörtels

Mit der Maurerkelle wird Mörtel aus dem Kübel geschöpft und gleichmäßig auf den Ziegelsteinen verteilt. Man nimmt damit außerdem überschüssigen Mörtel, der aus den Fugen quillt, ab. Der Griff oder das Blatt der Maurerkelle kann auch dazu verwendet werden, Steine vorsichtig in die richtige Lage zu klopfen. Schließlich kann man mit der Maurerkelle auch Steine halbieren.

Verfugen

Nachdem die Steine verlegt sind und bevor der Mörtel ganz trocken ist, müssen die Fugen mit einer Fugenkelle oder auf eine andere Art und Weise (siehe S. 27) gesäubert werden. Mit der Fugenkelle werden noch leere Bereiche in den Fugen gefüllt oder Fugen ausgebessert (siehe S. 31). Achten Sie darauf, dass Sie möglichst keinen Mörtel auf den Sichtflächen der Ziegelsteine verschmieren. Wenn Ihnen die Maurerkelle zu schwer und zu unhandlich ist, können Sie auch zum Mauern selbst eine Fugenkelle verwenden.

WERKZEUGE ZUM ZERTEILEN VON ZIEGELSTEINEN, NATURSTEINEN UND BETON

Fäustel   *Maurerhammer*   *Trennschleifer*   *Prelleisen*

Teilen von Steinen

Bei den Projekten in diesem Buch braucht man nur wenige Steine zu teilen und deshalb empfehlen wir Ihnen, dafür Handwerkzeuge zu verwenden. Die einfachste Methode besteht darin den Stein einfach mit einem Prelleisen und einem Fäustel zu halbieren (siehe S. 24)

Zum Zerteilen von Ziegeln und anderen Steinen gibt es jedoch auch Maschinen (siehe S. 25), zum Beispiel Winkelschleifer, Steinbrecher (gut geeignet für schnelle senkrechte Schnitte), Kreissägen mit Steinsägeblatt oder Trennschleifer mit Diamantscheiben. Wenn Ihr Entwurf das Zerteilen von Hunderten von Steinen vorsieht, sollten Sie sich eine Steinsäge mit einem diamantbesetzten Blatt ausleihen, mit der man auch schräge Schnitt ausführen kann.

> **VORSICHT**
>
> Winkelschleifer und andere Trennschleifer, die mit der Hand geführt werden, dürfen nur mit Schutzausrüstung betrieben werden (siehe S. 25). Beachten Sie die Hinweise in der Gebrauchsanleitung! Wenn Sie noch niemals zuvor mit einem solchen Gerät gearbeitet haben, sollten Sie einen Fachmann aus dem Werkzeugverleih oder jemanden mit mehr Erfahrung bitten Ihnen zu helfen.

Schneiden von Steinblöcken, Platten und Fliesen

Betonpflastersteine können ebenso wie Ziegelsteine geschnitten werden. Größere und dickere Steinplatten kann man mit einem leistungsstarken Trennschleifer oder einer Steinsäge trennen. Wir empfehlen jedoch aus Sicherheitsgründen, die Schnittlinie mit einem kleinen Winkelschleifer anzureißen und den Stein dann mit Prelleisen und Fäustel zu teilen (siehe S. 24). Für die meisten dünnen Fliesen eignet sich ein einfacher handbetriebener Fliesenschneider.

Wenn Sie Steine und Fliesen von Hand zerteilen, sollten Sie Handschuhe und eine Schutzbrille tragen. Für die Arbeit mit Maschinen brauchen Sie Handschuhe, eine Schutzbrille, eine Staubmaske, Ohrenschützer und stabile Schuhe.

WEITERE WERKZEUGE

Holzarbeiten

Für manche Vorhaben ist der Bau einer Schalung oder einer Form aus Holz erforderlich (z.B. für das Fundament oder für einen Bogen). Fundamentschalungen bestehen in der Regel aus stabilen Brettern, die entsprechend zugesägt, zusammengenagelt und dann mit Pflöcken im Boden fixiert werden. Dabei ist darauf zu achten, dass die Oberkanten aller Bretter genau waagerecht und in einer Ebene liegen. Zum Bau einfacher rechteckiger Schalungen braucht man lediglich eine Säge und einen Klauenhammer.

Kleine Bögen im Mauerwerk lassen sich mit Hilfe von Holzformen leicht herstellen (siehe S. 94–99, 108–113, 114–119, 120–125). Bogenformen bestehen aus zwei Hälften, die aus Sperrholzplatten ausgesägt werden. Dazu benutzt man eine Stichsäge, ein sicheres und einfach zu handhabendes Werkzeug. Zeichnen Sie die gewünschte Bogenform auf die Sperrholzplatte (z.B. mit Hilfe des Stangenzirkels auf S. 27), drücken Sie die Sperrholzplatte auf die Werkbank, schalten Sie die Säge ein und führen Sie das Blatt erst dann, wenn der Motor bereits läuft, an das Holz heran und langsam an der angezeichneten Kurve entlang. Tragen Sie dabei eine Schutzbrille und beachten Sie die Hinweise in der Bedienungsanleitung.

Bohren von Löchern

Eine elektrische Bohrmaschine mit Schlagbohrfunktion ist das ideale Werkzeug zum Bohren von Löchern in Holz und Stein. Zum Bohren von kleineren Löchern (unter 10 mm Durchmesser) verwendet man Spiralbohrer, für größere Löcher empfehlen sich Flachbohrer oder Zentrumsbohrer mit verstellbarer Schneide. Zum Bohren in Mauerwerk oder Beton benutzt man spezielle Steinbohrer und stellt die Bohrmaschine auf Schlagbohrfunktion.

Abschließende Arbeiten

Nach dem Ende der Bauarbeiten bzw. am Ende jedes Tages sollte man das Mauerwerk und die Baustelle von Mörtelspritzern oder anderen Mörtelresten reinigen. Nehmen Sie dazu eine Drahtbürste und tragen Sie bei der Arbeit Handschuhe und eine Schutzbrille. Chemische Reiniger (siehe S. 31) trägt man mit Pinsel oder Schwamm auf. Zum Auftragen des Isolieranstrichs auf dem Putz im Projekt auf S. 125 benötigt man ebenfalls einen Pinsel.

Sonstige Werkzeuge

Ein Gummihammer ist ein nützliches Werkzeug zum Ausrichten von Ziegelsteinen im Mörtelbett. Er ist schwer und trotzdem weich, sodass die Ziegelsteine nicht beschädigt werden. Der hölzerne oder mit Kunststoff überzogene Stiel eines Fäustels oder Maurerhammers ist für diese Arbeiten ebenso geeignet. Andere nützliche Werkzeuge sind Schraubendreher zum Eindrehen von Schrauben (falls Sie statt Nägel lieber Schrauben verwenden) und eine kleine Gartenschaufel für Projekte wie das Hochbeet und das Erdbeerfass.

Zum Bau von Wasserbecken und Springbrunnen, die mit Folie ausgekleidet werden, benötigt man eine Schere zum Zuschneiden der Folie bzw. des Vlieses und eine Metallsäge zum Ablängen des Schutzrohres, in welchem das Kabel und der Wasserschlauch verlegt werden.

Baumaterialien

Für Gartenprojekte sollte man möglichst Klinker oder Hartbrandziegel verwenden, die eine gute Frostbeständigkeit aufweisen. Suchen Sie sich einen Lieferanten, der Steine guter Qualität zu angemessenen Preisen liefert. Prüfen Sie immer, wie hoch die Kosten für die Anlieferung sind. Möglicherweise ist es viel günstiger, wenn Sie sich für ein paar Stunden einen Transporter mieten und die Steine selbst abholen. Wenn Sie Glück haben, hat der Baustofflieferant leicht beschädigte Steine auf Lager, die er für den halben Preis verkauft. Für Gartenprojekte sind solche Steine oft noch sehr gut geeignet. Steine mit Querrissen sollten Sie jedoch nicht nehmen.

ZIEGELSTEINE

handgestrichener rustikaler Ziegelstein

handgestrichener glatter Ziegelstein

Lochstrangziegel

frostbeständiger Lochstrangziegel

Formziegel

dreieckiger Abdeckstein

Formziegel

halbrunder Abdeckstein

klassische Terrakottaplatte

Optische Erscheinung

Die meisten Leute entscheiden sich der optischen Wirkung wegen für Ziegelsteine oder Klinker. Ziegel sehen einfach besser aus als viele andere Wandbaustoffe wie zum Beispiel Beton oder Kunststein. Gehen Sie doch einmal mit offenen Augen durch die Gegend und schauen Sie sich möglichst viele Ziegelsteinbauten an um Ihren Geschmack zu schulen und herauszufinden, was Ihnen am besten gefällt. Denken Sie daran, dass der Farbton oder die Struktur der Steine in einer großen Fläche (Mauer oder Terrasse) intensiver wirken als bei einem einzelnen Stein. Ziegelsteine haben abhängig von der Qualität des Tons in der jeweiligen Region unterschiedliche Farbtöne und Eigenschaften. Es gibt außerdem verschiedene Herstellungsarten: Maschinell hergestellte Strangziegel haben alle die gleichen Abmessungen und lassen sich leicht verarbeiten. Handgestrichene Ziegelsteine sehen natürlicher aus, sind jedoch etwas ungleichmäßig und deshalb nicht so einfach zu verlegen.

Eigenschaften

Ziegelsteine werden durch Brennen von geformtem Lehm und Ton mit Zuschlägen von Sand, Ziegelmehl oder Hochofenschlacke hergestellt. Die Farbe der Steine ist abhängig von der Zusammensetzung der Rohstoffe, insbesondere von deren Eisen- und Kalkgehalt, jedoch auch von der Verarbeitung. Beim normalen Brennen entstehen Ziegel mit braunen, gelben und roten Farbtönen, bei hohen Brenntemperaturen Steine mit blaugrauen bis blauschwarzen Färbungen. Ziegelsteine werden für unterschiedliche Verwendungszwecke hergestellt. Vormauerziegel oder Fassadenklinker beispielsweise dienen zum Verkleiden von Fassaden. Klinker sind besonders hart gebrannte, frostharte Ziegelsteine, die nur wenig Wasser absorbieren und deshalb für den Außenbereich besonders gut geeignet sind. Allerdings sind Klinker auch die teuersten Ziegelsteine.

Größen

Ziegelsteine haben eine handliche Größe und lassen sich gut verarbeiten; sie sind etwa doppelt so lang wie breit und ihre Dicke beträgt etwa ein Drittel der Länge. Ziegelsteine im Normalformat haben Abmessungen von 240 x 115 x 71 mm, Steine im alten Reichsformat sind etwas dünner, nämlich 240 x 115 x 65 mm. Darüber hinaus gibt es auch noch das Dünnformat (420 x 115 x 52 mm) und weitere ausgefallene Formate. Legen Sie die Abmessungen des geplanten Bauwerks möglichst passend zur Länge, Breite und Höhe der Steine ihrer Wahl fest. Berücksichtigen Sie bei der Berechnung auch die Dicke der Fugen.

Weitere Arten von Ziegelsteinen

Falls Sie Steine bei Händlern kaufen möchten, die sich auf alte Baumaterialien spezialisiert haben, weil Ihnen diese Steine besser gefallen oder weil sie besser zu vorhandenem Mauerwerk passen, sollten Sie darauf gefasst sein, dass Sie dafür mehr bezahlen als für neue Steine. Nehmen Sie möglichst keine Steine, an denen sich noch Mörtelreste befinden, denn das Abklopfen ist harte Arbeit und die Steine werden dabei auch oft beschädigt.

Bei Material zweiter Wahl erhalten Sie Steine mit Absplitterungen, mit abweichenden Maßen, mit Rissen oder zu wenig oder zu stark gebrannte Steine. Steine mit Rissen und zu wenig gebrannte Steine sollte man möglichst nicht verwenden.

Abgesehen von den üblichen quaderförmigen Steinen gibt es auch zahlreiche spezielle Formate für bestimmte Anwendungen oder für dekorative Zwecke. Verschaffen Sie sich bereits in der Planungsphase einen Überblick über das jeweilige Angebot und überlegen Sie sich, ob Sie spezielle Formate oder Dekorsteine verwenden möchten. Kaufen Sie niemals Ziegelsteine, die Sie nicht vorher gesehen haben.

Ziegelsteine aus zweiter Hand sollte man möglichst einzeln aussuchen.

HINWEISE ZUM KAUF

- Falls Sie sich entschlossen haben einen Transporter zu mieten und die Steine selbst abzuholen, sollten Sie lieber mehrere kleinere Fuhren machen als den Transporter zu überladen.
- Machen Sie sich schon vor der Anlieferung der Steine Gedanken darüber, wo diese abgeladen und zwischengelagert wer-den sollen, so dass sie niemanden stören und keine Gefahrenquelle darstellen.

AUSGANGSMATERIALIEN FÜR FUNDAMENTE, MÖRTEL UND PUTZ

Kies　　　Kieselsteine　　　scharfer Sand　　　weicher Sand　　　Zement

Beton und Schotter

Die unterste Schicht der meisten Fundamente ist eine Schotterschicht, die aus Ziegelsteinbruch, kleineren Natursteinen und Betonresten besteht, die verdichtet werden, so dass man eine feste und trotzdem wasserdurchlässige Grundlage erhält.

Die Inhaltsstoffe von Beton sind Zement, Kies bestimmter Korngröße und Wasser. Die Korngröße des verwendeten Kieses entscheidet über die Merkmale des fertigen Betons – seine Stärke, Härte, Haltbarkeit und Porosität. Als Zuschlagstoff für Fundamente im Gartenbereich nimmt man in der Regel Kies der Körnung 0–16.

Bei Gartenwegen und Terrassen kann man oft auf die Betonplatte verzichten, das Fundament besteht dann nur aus der verdichteten Schotterschicht und einer darüber liegenden, ebenfalls verdichteten Kiesschicht.

Sand und Kies

Sand und Kies erhält man in verschiedenen Körnungen. Zur Herstellung von Beton, als Unterlage von Terrassenflächen oder zum Anmischen von Putz verwendet man gröberen Sand bzw. Kies der Körnung 0–16. Mörtel wird meist mit Sand der Körnung 0–4 angemischt.

Ganz feiner Sand, auch als Quarzsand bezeichnet, ist ideal zum Verfüllen der Fugen in Klinkerpflasterflächen oder Verbundpflasterflächen. Für breite Fugen sollte man jedoch lieber normalen Sand nehmen.

Mörtel

Mörtel ist der Stoff, der die Mauersteine zusammenhält; er besteht aus Mörtelsand, Zement und Wasser. Zum Mischen braucht man etwas Übung, außerdem muss man dabei das Verhältnis der Inhaltsstoffe beachten (siehe S. 22–23). Nimmt man statt Mörtelsand einen etwas gröberen Sand, erhält man einen Mörtel, der sich besonders zum Verputzen von Mauern eignet. Als Putz bezeichnet man eine dünne Mörtelschicht, die auf die Oberfläche von Mauern usw. aufgetragen wird.

FLIESEN, STEINE UND PFLASTERSTEINE

Dachziegel — Bodenfliese — glasierte Schmuckfliese — Verbundpflasterstein

Betonplatte — Kunststeinplatte — Mühlstein

Natursteinplatte — Yorker Stein — Schieferplatte

Natursteinblock — Kopfsteine — Felsstein — Kiesel

Dachziegel und Fliesen

Die Auswahl an Dachziegeln und Fliesen ist heute fast unüberschaubar. Früher wurden Säulen oder Mauern aus Ziegelsteinen in der Regel mit Tonziegeln abgedeckt, die dafür sorgten, dass das Regenwasser ablief und nicht in die Mauer eindringen konnte. Wir haben in vielen Projekten alte Dachziegel und Tonfliesen verwendet, da diese sehr gut zum rustikalen Charakter der Gartenbauten passen. Doch auch Terrakottafliesen, Natursteinfliesen und glasierte Fliesen in leuchtenden Farben oder mit schönen Mustern lassen sich gut in Ziegelsteinbauten integrieren. Inzwischen gibt es sogar Kunststeinplatten, die Naturstein täuschend ähnlich sehen.

Natursteine

Naturstein und Ziegel hat man schon seit jeher kombiniert. Es gibt unzählige Natursteinarten, doch wir empfehlen Ihnen, Steine aus einem örtlichen Steinbruch zu verwenden, da diese meist mit dem Farbton der in der Gegend hergestellten Ziegel harmonieren. Schauen Sie sich einfach einmal an, was die Natursteinhändler im Umkreis auf Lager haben und achten Sie bei Spaziergängen darauf, welche Steine für Gebäude und Mauern verwendet wurden und welche Kombinationen besonders gelungen sind. Kaufen Sie keine Steine, die schon bröckelig oder rissig sind. Wählen Sie die Steine möglichst so aus, dass sie nicht geteilt zu werden brauchen. (Sollte das doch nötig sein, beachten Sie die Hinweise auf den Seiten 24 bis 25.) Für unregelmäßige Übergangsflächen eignen sich in einem Mörtelbett verlegte Kopfsteine oder Kiesel.

Gehwegplatten

Betongehwegplatten sind zwar funktionell, doch optisch nicht besonders ansprechend. Inzwischen gibt es allerdings eine ganze Reihe attraktiverer Varianten. Unter den strukturierten und eingefärbten Beton- oder Kunststeinplatten (eine Mischung aus zerstoßenen Steinen und Beton) finden sich einige, die fast so aussehen wie richtiger Naturstein. Platten aus Naturstein sind am schönsten, aber sehr teuer.

Pflastersteine

Ziegelsteine können zum Pflastern verwendet werden, wenn sie ausreichend hart gebrannt und frostbeständig sind. Die Verwendung von Pflasterklinkern bietet sich überall da an, wo auch die Hausmauern aus solchen Steinen gebaut oder damit verkleidet sind. Sie werden zwischen einer festen Randbegrenzung in ein Sandbett verlegt.

Betonpflastersteine findet man in vielen Formaten, Farben und mit unterschiedlich strukturierten Oberflächen. Sie werden ebenfalls in ein Bett aus verdichtetem Sand gelegt und erfordern eine feste Randbegrenzung. Sie sollten sich unbedingt im Baustofffachhandel beraten lassen und sich gegebenenfalls in den Musteranlagen großer Hersteller oder bei Musterhausausstellungen Anregungen holen, bevor Sie sich für einen bestimmten Pflasterstein entscheiden. In den Produktpaletten mancher Hersteller finden sich auch antik wirkende Steine mit unregelmäßiger Kantenstruktur und natürlichen Farbschattierungen, die sich harmonisch in den Garten einfügen.

HOLZ UND SPERRHOLZ

75 x 75 mm — zum Verdichten von Beton geeignet
70 x 30 mm — Schalbrett für Wege oder Terrassen
50 x 32 mm — gut geeignet für Geländer
30 x 20 mm — zum Beispiel für Pflöcke
75 x 20 mm — zur Wegbegrenzung
150 x 20 mm — für größere Schalungen
geeignete Holzquerschnitte
90 x 40 mm — als Randbegrenzung für Terrassen oder Wege aus kleinen Platten
Sperrholz
Eisenbahnschwelle

Schalungen und Formen

Eine Schalung ist ein Holzrahmen, der den frisch gemischten Beton, der noch eine breiige Konsistenz hat, bis zum Aushärten in Form hält. Verwenden Sie zum Bau von Schalungen billiges sägeraues Holz oder Altholz, denn es wird durch den Zement verschmutzt und ist später nicht mehr für andere Zwecke zu gebrauchen. Sperrholz besteht aus mehreren dünnen Holzblättern, die kreuzweise übereinander gelegt und miteinander verleimt sind. Sperrholz eignet sich ausgezeichnet zum Bau von Bogenformen, da es sich gut mit der Stichsäge sägen lässt. Übliche Größen von Sperrholzplatten sind 2500 x 1700 mm, 2400 x 1200 mm oder 1700 x 1200 mm.

Andere Verwendungszwecke

Holz und Ziegelsteine lassen sich ausgezeichnet kombinieren, denn die warmen Farbtöne beider Baustoffe harmonieren sehr gut miteinander. Dicke Holzbohlen als Setzstufen passen zum Beispiel wunderbar zu Trittstufen aus Ziegelsteinen. Holzbohlen kann man auch als Begrenzung eines mit Klinkern gepflasterten Weges verwenden. In manchen Fällen empfiehlt es sich, während der Bauarbeiten angrenzende Pflasterbereiche oder den Rasen mit billigen Sperrholzplatten abzudecken, damit diese Flächen keinen Schaden erleiden.

SONSTIGES

Für manche Projekte in diesem Buch wie zum Beispiel für das runde Wasserbecken und den Wasserspeier benötigt man spezielle Materialien wie Teichfolie und Vlies, die Sie wahrscheinlich nicht im Baumarkt nicht erhalten. Adressen von Lieferanten, bei denen Sie solche Materialien beziehen können, finden Sie in den Gelben Seiten unter der Rubrik Teichbau.

Fundamente

Beim Bau eines Fundaments sollten Sie keine Kosten sparen. Für die meisten der in diesem Buch vorgestellten Projekte braucht man ein solides Fundament aus Beton. Falls Sie aus irgendeinem Grund vermuten, dass die Bodenverhältnisse in Ihrem Garten ein stärkeres Fundament erforderlich machen, sollten Sie den hier beschriebenen Aufbau entsprechend anpassen. Ist der Boden beispielsweise sehr weich, empfiehlt es sich, das Fundament breiter und tiefer anzulegen; ist der Boden sehr nass, muss man die Stärke der Schotterschicht erhöhen.

FUNKTION DES FUNDAMENTS

Jedes Bauwerk braucht ein Fundament, also eine feste und ebene Grundlage. Es wäre keine gute Idee, die erste Reihe Ziegel direkt auf der Erde zu verlegen, da das Gewicht des Mauerwerks und das Regenwasser zu Verdichtungen und Erosion führen können, so dass sich die Mauer oder Säule schließlich senkt, dass sie reißt, schief wird oder ganz zusammenfällt. Wenn Sie also eine Mauer, ein Vogelbad oder eine Terrasse bauen möchten, beginnen Sie mit einem soliden Fundament. Fundamente bestehen in der Regel aus einer Betonplatte, die über einer Schotterschicht gegossen wird. Bei Fundamenten für Terrassen und Gartenwege lässt man den Beton oftmals weg und verwendet stattdessen andere Materialien. Manchmal lassen sich auch bereits vorhandene Fundamente nutzen (siehe Kästchen auf der nächsten Seite).

ARTEN VON FUNDAMENTEN

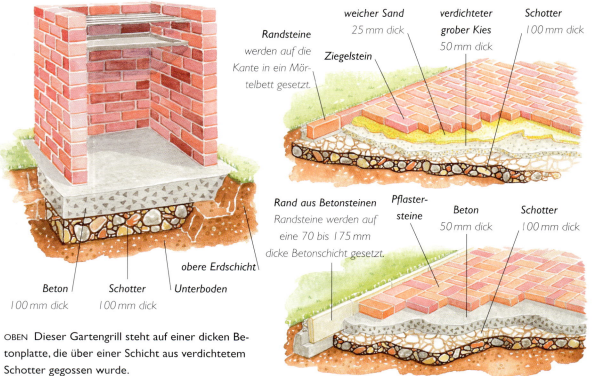

LINKS Ein Fundament für eine gepflasterte Terrasse auf festem, gut drainiertem Untergrund. Bei größeren Flächen setzt man zur Verdichtung der einzelnen Schichten eine Rüttelplatte ein.

LINKS Ein Fundament für eine gepflasterte Terrasse auf feuchtem und instabilem Untergrund. Bei hohem Grundwasserspiegel sollte die Dicke der Schotterschicht 200 mm betragen.

OBEN Dieser Gartengrill steht auf einer dicken Betonplatte, die über einer Schicht aus verdichtetem Schotter gegossen wurde.

Die meisten Mauern und Hochbauten, z. B. Grillplätze, Säulen und Pflanzgefäße, brauchen ein stabiles Fundament aus Schotter und Beton, wie es auf der Abbildung oben links dargestellt ist.

Für Pflasterflächen genügt ein Fundament aus Schotter und einer trockenen Zementmischung oder aus einer Schotter- und einer Kiesschicht. Ein solches Fundament ist zwar nicht so solide wie ein Betonfundament, dafür aber weniger arbeitsintensiv und in der Regel ausreichend für Terrassen und Gartenwege, die nicht sehr stark belastet werden. In jedem Fall müssen die einzelnen Schichten gut verdichtet werden. Bei weichem, sandigem oder morastigem Untergrund empfiehlt es sich allerdings, über dem Schotter eine Betonplatte zu gießen. Das gleiche gilt, wenn man aus irgendeinem Grund keine Rüttelplatte zur Verdichtung einsetzen kann. Randsteine müssen in ein Mörtelbett gelegt werden oder sind durch einen schrägen Stützkragen einzufassen.

Legen Sie die genaue Größe und Dicke des Fundaments fest (ein

FUNDAMENTE

EINMESSEN, MARKIEREN UND AUSSCHACHTEN

Pflöcke Positionieren Sie die Pflöcke wie hier gezeigt, so dass sich die Schnüre an den Ecken kreuzen.

Schnur Markieren Sie den Grundriss mit Hilfe von gespannten Schnüren.

Winkel Mit einem Winkel kontrollieren Sie, ob die Ecken genau rechtwinklig sind.

Abmessungen Überprüfen Sie die Abmessungen mit einem Bandmaß.

straff gespannte Schnur Radius des Kreises

Markierungsstock

Mittelpflock

Der Kreisumfang wird mit Kreide markiert.

OBEN Mit Pflöcken, Schnur und einem Bandmaß (auch ein Winkel ist nützlich) wird eine rechteckige Fläche eingemessen und abgesteckt.

OBEN So markiert man einen Kreis. Man benötigt dazu zwei Stöcke, ein Stück Schnur und etwas Kreide.

Terrassenfundament hat dieselben Abmessungen wie die Terrasse, das Fundament einer Mauer hingegen muss breiter sein als die Mauer selbst). Um festzustellen, wie tief die Erde auszuheben ist, muss man zunächst die Baustelle vermessen. Handelt es sich um eine schräge Fläche, schlägt man Pflöcke in den Boden, an denen man die gewünschte Oberkante des Fundaments markiert und zeichnet einen Querschnitt des Fundaments (man stellt sich vor, es wäre in der Mitte aufgeschnitten), um besser berechnen zu können, wie viel Erde entfernt werden muss.

Rechtwinklige Flächen vermisst man mit einem Bandmaß und steckt sie mit Pflöcken und Schnur ab. L-förmige Grundrisse oder andere komplexere Formen unterteilt man in mehrere Rechtecke. Um festzustellen, ob ein Viereck rechtwinklig ist, überprüft man zunächst, ob die gegenüberliegenden Seiten gleich lang sind. Dann misst man die Längen der Diagonalen, addiert beide Werte und teilt sie durch zwei. Diese Zahl entspricht der korrekten Länge der Diagonalen in dem gegebenen Rechteck. Ändern Sie gegebenenfalls die Position der Pflöcke so, dass beide Diagonalen der berechneten Länge entsprechen.

Zum Anreißen eines Kreises schlägt man im Mittelpunkt einen Pflock in die Erde und befestigt daran einen mit einer Schlinge versehenen Strick, dessen Länge dem gewünschten Radius entspricht. In die Schlinge steckt man einen spitzen Stock und reißt damit den Kreis an. Nachdem man den Kreisumfang mit Markierspray, Kreide oder Kalk markiert hat, hebt man den Boden aus wie auf Seite 13 beschrieben.

BAU DES FUNDAMENTES

Die unterste Schicht der meisten Fundamente besteht aus Schotter oder Ziegelsteinbruch. Diese Schicht wird verdichtet. Die zweite Schicht eines Fundamentes für Hochbauten ist in der Regel Beton. Meist braucht man eine Holzschalung, die den Beton in Form hält, bis er erhärtet ist. An die Außenseite der Schalbretter nagelt man Pflöcke und schlägt diese durch den Schotter in den Boden. Nachdem man den Beton in die Schalung gegossen oder geschaufelt hat, verdichtet man ihn mit einer Holzbohle und zieht ihn dann über den Schalbrettern plan ab. Bei Pflasterflächen auf festem Untergrund kann die Betonschicht meist durch Kies ersetzt werden. Darauf folgt eine Sandschicht, die so weit verdichtet wird, dass sie gerade bis an die geplante Oberkante des Fundaments reicht. Darauf verteilt man eine dünne Schicht losen Sand, in dem dann die Pflastersteine verlegt werden. Schalungen für große Fundamente sollte man durch zusätzliche Bretter unterteilen (Dehnfugen).

Beton Der Beton wird bis zur Oberkante der Randschalung eingefüllt.

Schalung Die Schalung dient dazu, den Beton bis zum Aushärten in der gewünschten Form zu halten.

Pflöcke werden an die Außenseite der Schalung genagelt und in den Boden geschlagen.

Schotter Diese Schicht besteht aus verdichtetem Bauschutt.

OBEN Dieses Fundament schließt bündig mit der umgebenden Fläche ab. Eine Randschalung hält den Beton bis zum Erhärten in Form.

VERWENDUNG VORHANDENER FUNDAMENTE

Kleinere Bauten kann man oftmals auf einer bereits vorhandenen Pflasterfläche errichten. Bevor Sie jedoch damit beginnen, sollten Sie prüfen, was sich unter der Pflasterfläche befindet. Nehmen Sie dazu ein paar Steine oder Platten auf. Erscheint Ihnen das Fundament nicht sehr stabil, entfernen Sie den Pflasterbelag in dem zu bebauenden Bereich und legen ein solides Fundament an. Ist das Fundament jedoch ausreichend stabil, müssen Sie nur noch die waagerechte Ausrichtung prüfen. Kleine Abweichungen kann man ausgleichen, indem man die Dicke des Mörtelbetts unter der ersten Schicht anpasst. Fällt die Fläche jedoch zu stark ab (mehr als 10 mm über die Länge des Baus), gießt man auf der Pflasterfläche eine Betonplatte, die an der dünnsten Stelle mindestens 40 mm dick sein muss.

Beton und Mörtel

Beton und Mörtel stellt man durch Mischen von Zement, Sand oder Kies und Wasser her. Beton braucht man zum Bau von stabilen Fundamenten und Mörtel ist der Stoff, der die Ziegelsteine einer Mauer zusammenhält oder als Putz dient. Das Verhältnis der trockenen Komponenten zueinander bestimmt die Eigenschaften des fertigen Betons oder Mörtels. Zum Abmessen der entsprechenden Mengen genügt eine Schaufel.

KONSISTENZ

Zuerst werden Sie vielleicht ungläubig auf die breiige Masse schauen und sich fragen, wie das funktionieren soll, doch schon innerhalb der nächsten Stunden merken Sie, dass der Beton fest wird. Im Laufe der folgenden Tage erhöht sich die Festigkeit noch weiter. Mörtel muss weich wie Butter sein, so dass man ihn mit der Maurerkelle in Scheiben schneiden kann. Er sollte möglichst nicht aus den Fugen herausquellen oder herabtropfen. Die optimale Konsistenz richtet sich jedoch nach dem Absorptionsverhalten der Steine und der Luftfeuchtigkeit an dem betreffenden Tag. Es ist also wie beim Brotbacken: Halten Sie sich an das Rezept, doch tragen Sie den konkreten Gegebenheiten Rechnung. Wenn es zum Beispiel sehr trocken ist, sollten Sie die Steine und den Mörtel regelmäßig mit Wasser besprühen.

MISCHEN VON BETON UND MÖRTEL

Wenn Sie für ein Vorhaben mehr als 25 kg Zement benötigen, sollten Sie sich einen Mischer ausleihen.

> **VORSICHT**
>
> Zement und Kalk können die Haut stark verätzen. Deshalb sollten Sie bei der Arbeit mit diesen Stoffen immer eine Schutzbrille und Handschuhe tragen.

Mischen in der Schubkarre

1 Mit einer Schaufel messen Sie die trockenen Zutaten ab und geben diese in die Schubkarre – zuerst den Sand oder Kies, dann den Zement. Die Schubkarre sollte dabei höchstens halb voll sein. Mischen Sie die Stoffe gründlich durch.

2 Gießen Sie in ein Ende der Schubkarre etwa 3 Liter Wasser und ziehen Sie dann mit der Schaufel kleine Mengen der Mischung in das Wasser bis dieses vollständig aufgesogen ist.

3 Mischen Sie den ganzen Haufen mehrmals durch und geben Sie dabei jedes Mal noch etwas Wasser hinzu, bis die Mischung so fest ist, dass Sie sie mit der Schaufel in Scheiben schneiden können.

Mischen auf einem Brett

1 Geben Sie die entsprechenden Mengen mit der Schaufel auf ein Brett oder ein Blech – erst den Sand oder Kies, dann den Zement. Mischen Sie alles gründlich durch, bis eine gleichmäßige Färbung erreicht ist.

2 Legen Sie nun in der Mitte des Haufens eine Vertiefung an und gießen Sie etwa einen halben Eimer Wasser hinein. Ziehen Sie vom Rand des Kraters nach und nach die Zement-Kies-Mischung in das Wasser. Wenn Gefahr besteht, dass das Wasser an einer Seite austritt, ziehen Sie schnell mehr trockenes Material an diese Stelle.

3 Ist das Wasser vollständig aufgesogen, geben Sie nach und nach etwas mehr zu, bis der Beton oder Mörtel die richtige Konsistenz hat. Man sollte ihn schneiden können; die Scheiben dürfen nicht zusammenfallen.

Mischen
Ziehen Sie die Mischung nach und nach in das Wasser.

OBEN Zum Mischen kleinerer Mengen genügt eine Schubkarre. Vergessen Sie nicht, diese sofort nach Benutzung zu reinigen.

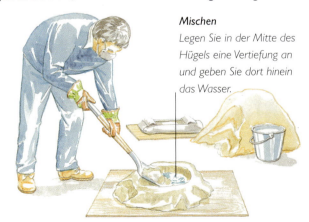

Mischen
Legen Sie in der Mitte des Hügels eine Vertiefung an und geben Sie dort hinein das Wasser.

OBEN Beim Mischen auf einer ebenen Unterlage zieht man das trockene Material nach und nach in das Wasser in der Mitte des Kraters.

BETON UND MÖRTEL 23

Betonmischer
Sand und Zement werden erst nach dem Anschalten des Mischers hineingeschaufelt.

Gartenschlauch
für die Wasserzugaben

Zementpulver

Sand

OBEN Mit einer Schaufel messen Sie die benötigten Mengen ab, z. B. eine Schaufel (1 Teil) Zement und vier Schaufeln (4 Teile) Sand.

Mischen mit einem Betonmischer

Befolgen Sie die Hinweise in der Bedienungsanleitung und bauen Sie zwischen Steckdose und Stecker nach Möglichkeit einen Fehlerstrom-Schutzschalter ein. Schalten Sie den Mischer ein und geben Sie erst den Sand und dann den Zement hinein. Überfüllen Sie den Mischer nicht! Ein kleiner Mischer kann ungefähr 10 bis 12 Schaufeln verarbeiten (einschließlich Zement). Nach ein paar Minuten, wenn alles gut gemischt ist, geben Sie nach und nach etwas Wasser zu, bis die richtige Konsistenz erreicht ist. (Siehe Kasten rechts).

ALLGEMEINE HINWEISE

Kleinere Mengen Beton und Mörtel transportiert man mit Eimern und größere mit der Schubkarre. Achten Sie darauf, dass die Last gleichmäßig verteilt ist. Zwei halb volle Eimer sind leichter zu tragen als ein voller. Dasselbe gilt für die Schubkarre. Es ist einfacher, zweimal mit halb voller Schubkarre zu fahren als einmal mit einer übervollen Karre, aus der die Mischung überläuft, wenn Sie durch eine Delle im Boden fahren. Zum Entladen der Schubkarre nimmt man eine Schaufel. Eimer lassen sich besser mit einem Spaten füllen.

WITTERUNGSBEDINGUNGEN

Beton und Mörtel dürfen nur langsam erhärten; je länger der Prozess dauert, umso besser. Wenn Sie nicht gerade an einem kühlen und feuchten Apriltag bauen, müssen Sie Mörtel und Zement vor zu schneller Austrocknung schützen. Falls Sie beispielsweise eine Mauer gebaut haben und es ist so heiß, dass Sie buchstäblich zusehen können, wie der Mörtel trocknet, bedecken Sie die Mauer mit nasser Zeitung. Betonfundamente deckt man mit nassen Säcken ab und sprüht sie in den folgenden Tagen regelmäßig ein. Ist Nachfrost zu erwarten, bedecken Sie das Fundament oder die Mauer mit trockenen Säcken, Zeitung oder mit Plastikplanen. Bei starkem Regen deckt man alles mit Plastikplanen ab.

BETON- UND MÖRTELMISCHUNGEN

Die benötigten Materialien werden in der Regel nach Volumen gemessen (in den Projekten sind die Gewichte nur als Orientierung für den Materialeinkauf angegeben), denn die Volumen unterschiedlicher Materialien variieren im Gewicht. Außerdem sind Sand und Kies in nassem Zustand schwerer als in trockenem. „Teile" steht für das Verhältnis der Volumenbestandteile, die zum Beispiel in Schaufeln gemessen werden. Ist also ein Teil Zement und vier Teile Sand angegeben, bedeutet das je nach der benötigten Gesamtmenge eine Schaufel Zement und vier Schaufeln Sand oder 2 Schaufeln Zement und 8 Schaufeln Sand usw. Wir empfehlen Ihnen die folgenden Mischungsverhältnisse:

Beton für Fundamente

1 Teil Zement

4 Teile Kies

Mischen Sie einen Teil Zement mit vier Teilen Kies der Korngröße 0–16. Geben Sie etwas Wasser dazu und mischen Sie alles, bis die Konsistenz von steifem Kartoffelbrei erreicht ist.

Trockene Betonmischung für Fundamente unter Pflasterflächen

Wie oben, nur weniger Wasser verwenden, gerade genug, um die Mischung etwas anzufeuchten. Die Mischung nimmt Feuchtigkeit aus der Luft auf und erhärtet nach einigen Tagen.

Mörtel zum Mauern und Verfugen

1 Teil Zement

4 Teile weicher Sand

Mischen Sie einen Teil Zement mit vier Teilen Mörtelsand (Körnung 0–4). Geben Sie Wasser zu und mischen Sie alles, bis die Masse die Konsistenz von steifem Kartoffelbrei hat. Mörtel für die Wetterseite, die der Witterung besonders ausgesetzt ist, sollte man aus einem Teil Zement und drei Teilen Sand mischen.

Trockene Mörtelmischung für Pflasterfugen

Wie oben, nur weniger Wasser hinzufügen (wie bei trockener Betonmischung).

Schneiden von Ziegelsteinen, Natursteinen und Beton

Ein guter Maurer ordnet die Steine in einer Schicht so an, dass er möglichst wenige teilen muss. Manchmal ist es jedoch unumgänglich, Steine zu halbieren oder zu vierteln. Dazu nimmt man üblicherweise ein Prelleisen und einen Fäustel. Zum sauberen Zerschneiden von Betonplatten und Fliesen braucht man einen elektrischen Winkelschleifer. Tonziegel lassen sich auch mit einem Fliesenschneider teilen.

ZERTEILEN VON ZIEGELSTEINEN

WIE MAN DIE ZAHL DER ZU TEILENDEN STEINE MINIMIERT

- Planen Sie die Länge und die Breite Ihres Bauvorhabens entsprechend den Abmessungen der zur Verfügung stehenden Steine (plus Mörtelfugen).
- Verwenden Sie unterschiedliche Materialien – wie zum Beispiel Ziegelsteine und Fliesen oder Ziegelsteine und Betonplatten – achten Sie darauf, dass die Größen der einzelnen Elemente kompatibel sind.
- Wählen Sie möglichst einen Verband, bei dem Sie keine oder nur wenige Steine zerteilen müssen.
- Günstig sind rechteckige Grundrisse; dreieckige oder sechseckige Flächen sind viel schwieriger zu gestalten.
- Wählen Sie einen Verband, bei dem Steine geteilt werden müssen, sollte es wenigstens einer sein, bei dem Sie die Steine nur zu halbieren brauchen.

Teilen von Steinen mit einem Maurerhammer oder einer Maurerkelle

Der einfachste Weg einen Ziegelstein zu teilen ist das Zerschlagen mit einer Maurerkelle. Halten Sie den Stein fest in einer Hand und schlagen Sie kräftig mit der Kante der Maurerkelle darauf. Wenn Sie Glück haben, bricht der Stein in der Mitte durch. Geschieht das nicht, drehen Sie den Stein einfach um und wiederholen die Prozedur.

Beim Teilen von Steinen mit dem Maurerhammer halten Sie den Stein so in einer Hand, dass das abzuschlagende Ende von Ihnen weg zeigt. Dann schlagen Sie mit der Meißelseite des Hammers nach und nach kleine Stücken ab, bis Sie die angezeichnete Linie erreicht haben.

Teilen von Steinen mit einem Prelleisen

Noch genauer kann man Ziegelsteine mit einem Fäustel und einem Prelleisen teilen. Diese Methode wird am häufigsten bei kleineren Maurerprojekten angewendet. Legen Sie den Stein auf einen weichen Untergrund, zum Beispiel auf eine Decke, auf ein Stück alten Teppich oder auch auf den Rasen. Setzen Sie eine Schutzbrille auf und ziehen Sie robuste Lederhandschuhe an. Nehmen Sie das Prelleisen in die eine und den Fäustel in die andere Hand und setzen Sie die Schneide des Prelleisens senkrecht auf die Risslinie. Schließlich schlagen Sie einmal kräftig mit dem Hammer auf das Prelleisen. Der Stein sollte dabei in zwei Hälften zerfallen. Es empfiehlt sich diesen Arbeitsgang zuerst an einigen alten Steinen zu üben.

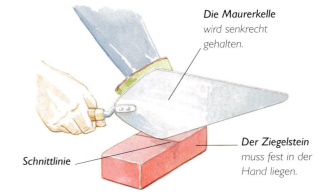

Die Maurerkelle wird senkrecht gehalten.

Schnittlinie

Der Ziegelstein muss fest in der Hand liegen.

OBEN Schlagen Sie einmal kräftig und zielgenau auf die Mitte des Ziegelsteins, damit der Stein in zwei Hälften zerbricht.

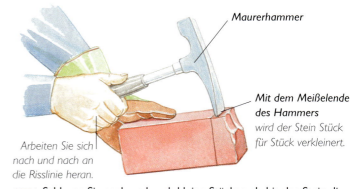

Maurerhammer

Mit dem Meißelende des Hammers wird der Stein Stück für Stück verkleinert.

Arbeiten Sie sich nach und nach an die Risslinie heran.

OBEN Schlagen Sie nach und nach kleine Stücken ab, bis der Stein die gewünschte Größe hat.

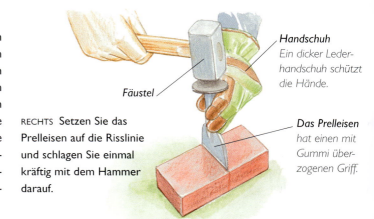

Handschuh Ein dicker Lederhandschuh schützt die Hände.

Fäustel

Das Prelleisen hat einen mit Gummi überzogenen Griff.

RECHTS Setzen Sie das Prelleisen auf die Risslinie und schlagen Sie einmal kräftig mit dem Hammer darauf.

SCHNEIDEN VON ZIEGELSTEINEN, NATURSTEINEN UND BETON

Schneiden von Ziegelsteinen mit Maschinen

Es gibt verschiedene elektrische Maschinen, die Sie zum Schneiden von Ziegelsteinen verwenden können:

- Winkelschleifer sollten möglichst mit Trennschutzhaube und spezieller Scheibe zum Schneiden von Steinen verwendet werden (siehe S. 14).
- Steinspalter: Markieren Sie die Risslinie auf dem Stein und legen Sie ihn auf die Platte genau unter das meißelförmige Blatt des Steinspalters. Drücken Sie den Hebel nach unten.
- Steinsäge mit Diamantblatt: Legen Sie den Stein auf den Auflagetisch, stellen Sie die Säge entsprechend ein und führen Sie dann das Sägeblatt über die Risslinie.
- Trennschleifer mit Diamantsägeblatt: Beachten Sie bei der Arbeit mit Trennschleifern dieselben Hinweise wie bei Winkelschleifern (siehe weiter unten). Besonders exakte Schnitte erhalten Sie, wenn Sie den Trennschleifer zusammen mit einem Führungsschlitten einsetzen.
- Maschinen haben ein hohes Gefahrenpotential. Deshalb immer eine Schutzbrille, eine Staubmaske und Handschuhe tragen. Ohrenschützer und robuste Schuhe werden ebenfalls empfohlen.

SCHNEIDEN VON FLIESEN, NATURSTEINEN UND BETON

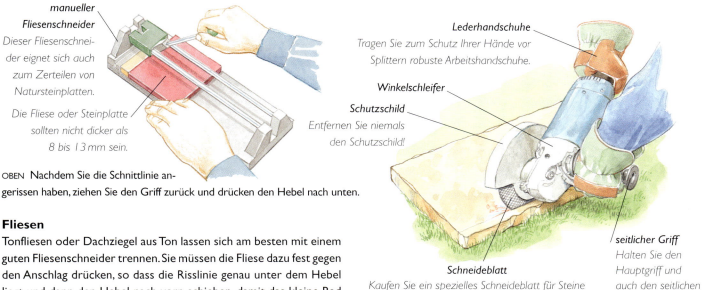

manueller Fliesenschneider
Dieser Fliesenschneider eignet sich auch zum Zerteilen von Natursteinplatten.
Die Fliese oder Steinplatte sollten nicht dicker als 8 bis 13 mm sein.

OBEN Nachdem Sie die Schnittlinie angerissen haben, ziehen Sie den Griff zurück und drücken den Hebel nach unten.

Lederhandschuhe
Tragen Sie zum Schutz Ihrer Hände vor Splittern robuste Arbeitshandschuhe.

Winkelschleifer

Schutzschild
Entfernen Sie niemals den Schutzschild!

seitlicher Griff
Halten Sie den Hauptgriff und auch den seitlichen Griff sehr fest.

Schneideblatt
Kaufen Sie ein spezielles Schneideblatt für Steine und achten Sie darauf, dass es in gutem Zustand ist.

OBEN Halten Sie den Winkelschleifer fest und stellen Sie sich etwas entfernt von der Risslinie auf. Fahren Sie mit nur leichtem Druck mehrmals auf der Risslinie entlang.

Fliesen

Tonfliesen oder Dachziegel aus Ton lassen sich am besten mit einem guten Fliesenschneider trennen. Sie müssen die Fliese dazu fest gegen den Anschlag drücken, so dass die Risslinie genau unter dem Hebel liegt und dann den Hebel nach vorn schieben, damit das kleine Rad die Oberfläche der Fliese einritzt. Nach dem Einritzen wird die Fliese mit der Brechvorrichtung sauber gespalten. Entfernen Sie nach jedem Schnitt die Tonsplitter.

ARBEITSSCHUTZ

Beim Trennen von Mauersteinen, Beton und Naturstein entstehen gesundheitsschädigende Quarzstäube und Steinsplitter. Deshalb muss man bei der Arbeit mit Winkelschleifern, Trennschleifern und Steinsägen immer eine Schutzbrille und eine Staubmaske tragen.

Schneiden von Stein und Beton mit einem Winkelschleifer

Legen Sie die betreffende Platte flach auf den Rasen oder auf eine andere feste, ebene Fläche, zum Beispiel auf einen Stapel anderer Platten. Lassen Sie von die Platte etwas mehr überstehen als Sie abschneiden müssen.

Setzen Sie Schutzbrille, Staubmaske und Gehörschutz auf, ziehen Sie Arbeitshandschuhe an.

Nehmen Sie das Gerät fest in beide Hände, damit es Ihnen auch dann nicht aus der Hand gerissen wird, wenn die Trennscheibe einmal klemmt. Halten Sie den Winkelschleifer so, dass die Scheibe im rechten Winkel zur Platte steht. Schalten Sie den Strom an und führen Sie die Scheibe mit leichtem Druck entlang der Risslinie. Tiefes Trennen in einem Arbeitsgang verlangsamt den Schnitt und verkürzt die Lebensdauer der Trennscheibe. Führen Sie lieber mehrere flache Schnitte aus, bis Sie die Steinplatte ganz durchtrennt haben.

Schutz
Tragen Sie robuste Handschuhe zum Schutz Ihrer Hände.

Gummi
Der Gummiüberzug über dem Kopf des Prelleisens schützt Ihre Hände.

Teppich
Legen Sie den Stein auf ein Stück Teppich.

OBEN Zerteilen einer dickeren Steinplatte mit Prelleisen und Fäustel. Drücken Sie das Prelleisen fest auf die Risslinie und schlagen Sie einmal kräftig darauf.

Mauern

Mauern ist eine unwahrscheinlich beruhigende und entspannende Arbeit. Das setzt allerdings eine gute Vorbereitung voraus. Die Steine sollten direkt neben dem Arbeitsplatz aufgestapelt sein und der Mörtel muss bereit stehen, so dass Sie in ruhigem und gleichmäßigem Rhythmus arbeiten können. Es ist durchaus möglich, Maurerarbeiten allein auszuführen; finden Sie jedoch einen Helfer, der Ihnen die Steine zurechtlegt und regelmäßig neuen Mörtel mischt, wäre das optimal.

PLANUNG DER MAUERSCHICHTEN

Mauern und rechteckige Strukturen

Beim Bau von Mauern lässt man zwischen den Ziegeln etwa 10 mm breite Mörtelfugen und ordnet die Steine möglichst so an, dass man keine zu trennen braucht. In der zweiten Schicht versetzt man die Steine jeweils um einen halben Stein. Haben Sie die Abmessungen der Steine und die Breite der Fugen bereits bei der Planung berücksichtigt, brauchen Sie bei dieser Bauweise überhaupt keine Steine zu trennen.

Kreisformen, Kurven und Bögen

Angenommen, Sie möchten ein rundes Hochbeet oder Wasserbecken mit einem Radius von einem Meter bauen. Nehmen Sie dazu zwei Holzpflöcke

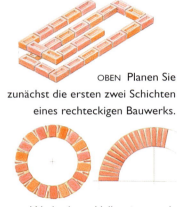

OBEN Planen Sie zunächst die ersten zwei Schichten eines rechteckigen Bauwerks.

OBEN Wechsel von Halbsteinen und dünnen Ziegeln (links). Auf die Kante gestellte Ziegelsteine (rechts).

und verbinden Sie diese mit einer Schnur, so dass der Abstand zwischen den Pflöcken genau 1 m beträgt. Schlagen Sie einen Pflock im Mittelpunkt des Kreises in die Erde und reißen Sie bei straff gespannter Schnur mit dem anderen Pflock die Kreislinie an. Legen Sie die Steine zunächst ohne Mörtel um den Kreisumfang aus. Wenn der Kreis komplett ist, passen Sie die Abstände zwischen den Steinen an, so dass alle Fugen gleichmäßig breit sind. Für Kreise oder Bögen mit kleinem Radius empfiehlt es sich, Halbsteine zu verwenden oder die Steine auf die Kante zu legen. Möchten Sie einen Bogen mauern, sollten Sie die Anordnung der Steine zunächst auf der Erde testen, um später Fehler zu vermeiden.

GRUNDLEGENDE VERFAHREN

Markieren des Verlaufs der ersten Schicht

Legen Sie den Verlauf der Mauer fest, indem Sie an jedem Ende des Betonfundaments einen Stock einschlagen und dazwischen nur wenige Millimeter über dem Fundament eine Schnur spannen. Reiben Sie die Schnur mit Ruß oder Kreidemehl ein, ziehen Sie sie mit Daumen und Zeigefinger etwas nach oben und lassen Sie sie dann zurückschnipsen, so dass sich als Richtlinie für die erste Schicht ein weißer bzw. schwarzer Strich auf dem Fundament abzeichnet.

Auftragen des Mörtels

Geben Sie einen etwa 12 mm dicken und 30 cm langen Mörtelstrang auf das Fundament und fahren Sie mit der Spitze der Maurerkelle längs hindurch, so dass in der Mitte eine Vertiefung entsteht. Legen Sie den ersten Ziegelstein in das Mörtelbett und klopfen Sie mit dem Griff der Maurerkelle darauf, damit der überschüssige Mörtel an den Seiten herausquillt. Mit der Spitze der Kelle verteilen Sie den übrigen Mörtel auf der Stirnseite des Steins und verlegen anschließend den zweiten Stein. Fahren Sie so fort, bis Sie am Ende der Mauer angelangt sind. Legen Sie dann die Wasserwaage senkrecht, waagerecht und diagonal an um zu prüfen, ob alle Steine in einer Ebene liegen.

Maurerkelle

Der Ziegelstein wird auf ein 12 mm dickes Mörtelbett gelegt.

OBEN Setzen Sie den Ziegelstein vorsichtig auf das Mörtelbett und klopfen Sie ihn mit dem Griff der Maurerkelle an.

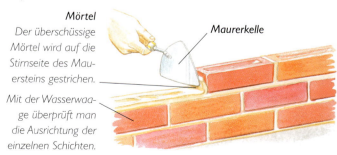

Mörtel

Der überschüssige Mörtel wird auf die Stirnseite des Mauersteins gestrichen.

Maurerkelle

Mit der Wasserwaage überprüft man die Ausrichtung der einzelnen Schichten.

OBEN Es gibt unterschiedliche Möglichkeiten den Mörtel aufzutragen; die hier gezeigte eignet sich gut für Anfänger.

WAS MAN VERMEIDEN SOLLTE

- An heißen Tagen sollte man die Steine nicht trocken, sondern angefeuchtet verarbeiten, damit sie dem Mörtel nicht zu schnell das Wasser entziehen.
- Kratzen Sie aus den Fugen quellenden Mörtel nicht sofort ab, denn dadurch werden die Steine zu stark verschmutzt. Warten Sie lieber, bis die Ziegel einen Teil der Feuchtigkeit absorbiert haben und kratzen Sie dann die Reste ab.
- Nehmen Sie zum Anmischen des Mörtels keinen scharfen oder verschmutzten Sand und keinen überlagerten Zement.
- Lassen Sie Mörtelreste an Werkzeugen niemals antrocknen. Reinigen Sie die Werkzeuge etwa jede halbe Stunde mit Wasser.

WEITERE TECHNIKEN

Falls Ihnen die gleichmäßige Fugenbreite Probleme bereitet, hilft eine Schichtenlatte. Das ist eine gerade Holzleiste, auf der die Höhe der Steine und die der Fugen, also 71 mm, 10 mm, 71 mm usw. markiert ist. Stellen Sie die Schichtenlatte einfach gegen die Mauer. So können Sie sofort sehen, ob der Stein in der richtigen Höhe liegt und die Fuge genau 10 mm dick ist.

Glauben Sie nicht, dass Sie kleine Ungenauigkeiten, die Ihnen hier und da unterlaufen, am Ende kompensieren können. Das geht beim Mauern nicht. Deshalb ist es wichtig, jeden einzelnen Stein sorgfältig auszurichten.

STANGENZIRKEL

Ein Stangenzirkel ist ein Hilfsinstrument zum Bau von kreisförmigen Strukturen. Er besteht in der Regel aus einem Brett oder Kantholz (Zirkelstange), das an einem Ende durchbohrt ist, aus einem Holzblock von der Stärke eines Ziegelsteins (Auflage für die Zirkelstange) und einer Sperrholztafel (Grundplatte). Der Auflageblock wird auf die Grundplatte gestellt und mit Ziegelsteinen fixiert. Die Zirkelstange dreht sich um einen Nagel, der

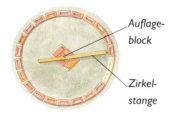

OBEN Ein Nagel, der vorn in die Zirkelstange geschlagen wird, zeigt die Mitte des Steines an.

Auflageblock

Zirkelstange

durch das Brett in den Auflageblock geschlagen wird. Mit Hilfe des Stangenzirkels wird jeder Stein so positioniert, dass er genau auf den Kreismittelpunkt zeigt. Als zusätzliches Hilfsmittel kann am entfernten Ende der Stange noch ein Sperrholzbrett mit einem U-förmigen Ausschnitt in der Größe eines Ziegelsteins angebracht werden.

VERFUGEN

Unter Verfugen versteht man das Ausfüllen, Säubern und Glätten der Fugen zwischen Mauersteinen. Es gibt vier gängige Fugenprofile: konkave Fugen, konvexe Fugen, bündige Fugen und schräge Fugen. Das Verfugen geschieht entweder während des Mauerns (jedoch nicht, wenn der Mörtel noch nass und breiig ist) oder nachdem die Mauer fertig gestellt worden ist. Konkave Fugen profiliert man mit einem Rundstab, dem Griff der Fugenkelle oder einem anderen geeigneten Werkzeug, das man entlang der Fugen zieht. Solche Fugen passen gut zu rustikalen Gartenmauern aus alten Ziegelsteinen.

Schiebt man den Mörtel von beiden Seiten zusammen, entsteht eine konvexe Fuge. Bündige Fugen erhält man, indem man mit der Kante der Maurerkelle über die Fugen fährt und den Mörtel bündig abkratzt. Schräge Fugen sorgen dafür, dass das Regenwasser besser abläuft und keine Feuchtigkeit in die Mauer dringt.

OBEN Die Fugen zwischen den Steinen müssen sorgfältig mit Mörtel gefüllt werden. Drücken Sie den Mörtel mit der Kante der Fugenkelle in die Fuge. Wenn Sie den Mörtel von beiden Seiten gleichmäßig zusammenschieben, erhalten Sie eine konvexe, also nach außen gewölbte Fuge.

konkave Fuge

konvexe Fuge

bündige Fuge

schräge Fuge

EINBAU ANDERER MATERIALIEN

In der Vergangenheit, als Ziegel noch per Hand hergestellt wurden, waren die Mauersteine nicht so gleichmäßig wie heute, entstanden zum Ausgleichen der Unregelmäßigkeiten viel dickere Fugen. In manchen Regionen steckte man kleine flache Steine oder Dachziegelstücken in die Fugen. Auch zum Bogenbau verwendete man häufig Dachziegel, damit man keine Ziegelsteine speziell zuzuschneiden brauchte. An der Küste war es üblich, Fugen mit Muscheln zu verzieren.

Verbände und Muster

Die Anordnung der Ziegelsteine in einer Mauer oder Pflasterfläche wird als Verband bezeichnet. Das Geheimnis der Stabilität einer Mauer besteht im Versetzen der senkrechten Fugen in den aufeinander folgenden Schichten. Wird das nicht beachtet, fällt die Mauer wahrscheinlich über kurz oder lang zusammen. Der am häufigsten verwendete Verband ist der Läuferverband, bei dem die Steine jeweils um die Hälfte versetzt werden. Gehen Sie einfach einmal mit offenen Augen durch die Gegend und schauen Sie sich alte Mauern und die dort verwendeten Verbände an.

GRUNDLEGENDE MAUERVERBÄNDE

Läuferverband

englischer Verband

flämischer Verband

Die drei am häufigsten verwendeten Verbände sind der Läuferverband, der englische Verband und der flämische Verband. Beim Läuferverband werden alle Ziegelsteine als Läufer (also in Längsrichtung) verlegt und zwar immer um einen halben Stein versetzt. Der Läuferverband eignet sich nur für halbsteindicke Mauern, die nicht sehr hoch sind. Beim englischen Verband folgt jeweils eine Schicht Binder (quer verlegte Steine) auf eine Schicht Läufer, wobei die Stirnseite der Binder immer genau mittig über einer Fuge oder einem Läufer der unteren Schicht liegt. Beim flämischen Verband wechseln in jeder Schicht Läufer mit Bindern ab, wobei die Binder immer mittig über einem darunter liegenden Läufer angeordnet werden. Auf der rechten Seite finden Sie noch einige weniger gebräuchlichen Verbände.

SPEZIELLE VERBÄNDE

englischer Gartenmauerverband — *Binderverband*

flämischer Gartenmauerverband — *Wabenverband*

MUSTER

Muster in Mauern
Mit unterschiedlich gefärbten, mit zurückgesetzten oder vorstehenden Ziegeln kann man in einer Mauer Muster gestalten. Rechts sehen Sie zwei Beispiele für Rautenmuster in einer Ziegelmauer.

Muster in Terrassen und Wegen
Auch in Terrassen und Wegen kann man mit Hilfe unterschiedlich gefärbter Steine oder durch die Anordnung der Steine Muster gestalten. Da bei einem Gartenweg im Gegensatz zu einer Mauer die Statik keine Rolle spielt, können Sie in eine Pflasterfläche auch andersartige Materialien, wie zum Beispiel Natursteinplatten, Kiesel und Muscheln einfügen und damit dekorative Effekte erzielen.

Rautenmuster (dunklerer Farbton)

Rautenmuster (hellerer Farbton)

Band im Fischgrätenmuster

eingelegtes Band aus schräg gestellten Dachziegeln

Mauern und andere Bauwerke

Mauern aus Ziegelsteinen sieht man häufig. Achten Sie beim nächsten Spaziergang in Ihrer Gegend oder im Urlaub doch einmal darauf, wie Bögen, Säulen und andere kleine Bauwerke aus einer gewöhnlichen Mauer einen wirklichen Blickfang machen können und Funktionalität mit Schönheit verbinden. Ganz einfache Mauern sind einen Halbstein dick, nur zwei oder drei Schichten hoch und man kann sie auf ein vorhandenes Fundament setzen. Dabei legt man die erste Schicht Steine in ein Mörtelbett.

BAU VON MAUERN

Stützpfeiler
Wenn Sie eine frei stehende Mauer errichten möchten, die höher als drei Schichten ist, müssen Sie vorher ein stabiles Fundament aus einer Schicht verdichtetem Schotter und einer Betonplatte anlegen und außerdem alle 2 m einen Stützpfeiler einbauen. Das gilt für eine 240 mm dicke Mauer. Ist die Mauer nur 120 mm dick (Halbsteinmauer) müssen die Stützpfeiler im Abstand von jeweils 1 m eingefügt werden.

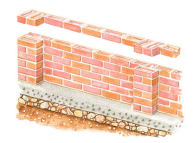

OBEN Eine halbsteindicke Mauer mit Stützpfeilern in regelmäßigen Abständen.

Ecken und Anschlüsse
Ecken und Anschlüsse mauert man, indem man die Ausrichtung der Steine ändert. Man ordnet die Steine möglichst so an, dass der Verband erhalten bleibt. Rechte Winkel lassen sich am einfachsten mauern.

Abfallende Standorte
Ist das Gefälle nur gering, hebt man einen Graben aus, gießt eine Betonplatte, die bis kurz unter das Bodenniveau reicht und baut darauf die Mauer.

OBEN Eine Mauer am Hang braucht ein abgetrepptes Fundament.

Bei starkem Gefälle legt man zuerst ein treppenförmiges Fundament (vollständig unter der Erde) an, wobei die Betonstufen genauso hoch sein sollten wie ein Ziegelstein plus Mörtelfuge (siehe untere Skizze).

Geschwungene Mauern
Bei weiten Bögen schiebt man die Steine an einem Ende einfach etwas enger zusammen, so dass die senkrechten Fugen nach außen hin breiter werden und so eine leichte Krümmung entsteht. Engere Bögen sollte man aus Halbsteinen bauen oder die Steine auf die Kante stellen wie bei einer Rollschicht.

Rollschicht
Diese letzte Schicht aus auf die Kante gestellten Ziegelsteinen sorgt dafür, dass das Regenwasser gut abläuft und nicht in die Mauer eindringen kann. Außerdem bildet die Rollschicht einen schönen optischen Abschluss der Mauer.

ANDERE BAUTEN

Kastenförmige Strukturen
Planen Sie den Grundriss und den Verband so, dass möglichst keine Steine geteilt werden müssen.

Bögen
Kleinere Bögen in Gärten baut man entweder aus halben Steinen oder aus Steinen, die quer zur Mauer auf die Kante gelegt werden (siehe Skizzen rechts). Dabei zeigt entweder die schmale Stirnseite oder die schmale Längsseite nach innen.

Säulen
Die einfachste freistehende Säule hat eine Seitenlänge von 240 mm; man baut Sie aus zwei nebeneinander liegenden Steinen, die in den aufeinander folgenden Schichten jeweils um 90° gedreht werden (siehe Skizze rechts). Stabiler wird die Säule jedoch, wenn in jeder Reihe Läufer und Binder miteinander abwechseln (Skizze rechts außen).

OBEN Auf die Kante gelegte ganze Steine.

OBEN Eine Halbsteinmauer mit einem Bogen aus halben Steinen.

LINKS Die kleinste mögliche Säule mit einer Seitenlänge, die der Länge eines Ziegelsteins entspricht.

LINKS Eine stabile Säule, bei der Läufer und Binder abwechseln.

Terrassen, Wege und Stufen

Terrassen, Wege und Stufen werden fast täglich begangen, sie sollen nicht nur stabil sein, sondern auch schön aussehen. Wenn Sie vor dem Haus eine Terrasse anlegen oder einen Gartenweg befestigen möchten, bieten sich dafür hart gebrannte Ziegelsteine als preisgünstiges und leicht zu verarbeitendes Baumaterial an. Oft findet sich in einer versteckten Ecke des Hofes oder Gartens auch noch ein Stapel alter Klinker oder Dachziegel, die Sie zum Bau von Stufen und Wegen verwenden können und deren Patina dem Pflaster einen besonderen Charme verleiht.

AUFBAU VON TERRASSEN UND GARTENWEGEN

Terrassen
Eine Terrasse benötigt in jedem Fall ein Fundament, damit sie nicht absinkt sowie eine stabile Einfassung, damit die am Rand verlegten Steine nicht zur Seite wegrutschen. Wie stark das Fundament und die Ränder sein müssen, hängt von der Art des vorhandenen Bodens, von der beabsichtigten Nutzung der Terrasse und vom Gewicht des Pflastermaterials ab. Ist der Boden fest, trocken und steinig, genügt in der Regel ein Minimum an Erdarbeiten; bei nassem und weichem Boden ist es jedoch erforderlich, die Erde tiefer auszuschachten, Schotter einzufüllen, den Boden gegebenenfalls zu drainieren, ein Fundament zu gießen und eine stabile Randbegrenzung anzulegen.

Wege
Ein Weg braucht ein tieferes Fundament und eine stabilere Randbegrenzung als eine Terrasse. Die Art der Einfassung wird auch durch die angrenzenden Gartenbereiche (Rasen, Beete usw.) bestimmt.

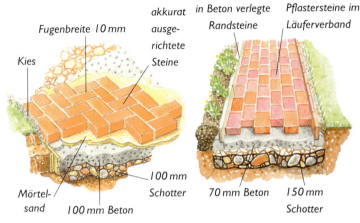

OBEN Ein Terrassenfundament mit Schalung, die in der Erde belassen wird.

OBEN Ein Fundament für einen Gartenweg mit einer besonders dicken Schicht Schotter.

VERBÄNDE FÜR TERRASSEN UND WEGE

Läuferverband · Fischgrätverband · Parkettverband · Verband aus Läufer- und Bindereihen · Variante des Parkettverbands · Fischgrätverband diagonal

BAU VON STUFEN

Stufen im Garten
Die Höhe und die Breite sind bei Stufen sehr wichtig. Stufen sollten niemals höher als 230 mm, jedoch auch nicht niedriger als 60 mm sein (eine bequeme Höhe wäre 150 mm). Die Tiefe von Stufen sollte mindestens 300 bis 400 mm betragen.

Für eine einzelne Stufe auf festem Untergrund braucht man lediglich ein Fundament aus verdichtetem Schotter. Wenn der Boden jedoch eher weich ist und Sie drei oder mehr Stufen bauen möchten, müssen Sie für die unterste Stufen ein festes Fundament aus einer 130 mm starken verdichteten Schotterschicht und einer 130 mm dicken Betonschicht anlegen. Eine Türstufe wird besonders stark belastet und benötigt daher ebenfalls ein stabiles Fundament (100 mm verdichteter Schotter und 100 mm Beton).

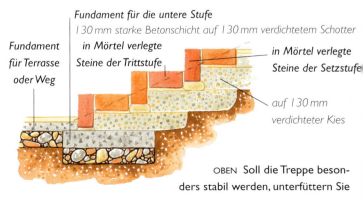

OBEN Soll die Treppe besonders stabil werden, unterfüttern Sie nicht nur die unterste Stufe, sondern auch alle weiteren Stufen statt mit Kies mit einem Fundament aus verdichtetem Schotter und Beton.

Abschließende Arbeiten und Reparaturen

Schon bald haben sich ein Stapel Mauersteine, ein Haufen Sand und viele Sack Zement in eine Mauer, einen Weg, in eine Terrasse oder ein anderes Bauwerk verwandelt, das zum Schluss der Bauarbeiten gesäubert werden muss. Manchmal sind auch kleinere Erhaltungsarbeiten am Mauerwerk erforderlich, z. B. das Entfernen von unerwünschten Bewuchs am Mauerwerk oder die Vermeidung von Hohlräumen.

SÄUBERN DES MAUERWERKS NACH DEM ENDE DER BAUARBEITEN

Grundlegende Reinigung
Wenn Sie bereits beim Mauern sorgfältig arbeiten und keinen Mörtel auf die Steine spritzen oder darauf verschmieren, gibt es zum Schluss nicht allzu viel zu tun. Lassen Sie den Mörtel über Nacht trocknen und entfernen Sie dann alle Spritzer mit einer Drahtbürste oder einem Holzstock. Achten Sie dabei darauf, dass Sie keinen Mörtel aus den Fugen herauskratzen.

OBEN Mit einer Drahtbürste fährt man diagonal über die Steine, so dass die Fugen nicht beschädigt werden.

Chemische Reiniger
Für manche Arten von Mauersteinen gibt es spezielle chemische Reiniger zum Aufsprühen oder Aufstreichen. Solche Reiniger sollten nur auf Empfehlung des Herstellers der Steine verwendet werden. Wenn Sie die falschen Steine mit einem solchen chemischen Reiniger behandeln, kann es passieren, dass diese Schaden erleiden.

Salze und Ausblühungen
Je nach Steintyp können auf der Oberfläche weiße, pulverförmige Ausblühungen erscheinen. Man kann sie lassen oder auch abbürsten, mit Essigwasser abwaschen oder mit einem dafür geeigneten chemischen Reiniger behandeln. Bei Kunststeinen (auf der Basis von Beton) kann es ebenfalls zu Ausblühungen kommen. Dabei handelt es sich um Kalkablagerungen, die an die Oberfläche wandern, die sich jedoch durch die natürliche Bewitterung und den Abrieb von selbst wieder auflösen.

REINIGUNG: WAS MAN VERMEIDEN SOLLTE
- Berühren Sie den Mörtel nicht, solange er noch feucht ist; reinigen Sie das Mauerwerk erst am nächsten Tag.
- Lassen Sie den Mörtel nicht erst steinhart werden, bevor Sie ihn entfernen.
- Kratzen Sie nicht mit metallischen Werkzeugen auf den Steinen herum.
- Waschen Sie die Steine gründlich ab, damit kein Grauschleier entsteht.

PFLEGE UND ERHALTUNG VON MAUERWERK

Mauerwerk benötigt nur wenig oder gar keine Pflege. Es hält normalerweise viele Generationen lang, doch kann es hier und da auch Probleme geben. Ziegel schlechter Qualität können durch Witterungseinflüsse zerkrümeln, Frost kann die Oberfläche der Steine beschädigen oder die Steine können Risse bekommen.

Neu verfugen
Sind die Mörtelfugen schon sehr stark erodiert, muss das Mauerwerk neu verfugt werden. Dazu säubert man die Fugen zuerst von losem Mörtel und vertieft sie dann auf 12 bis 15 mm. Verfugen Sie zunächst nur eine kleine Fläche und versuchen Sie die Farbe des Reparaturmörtels möglichst gut anzupassen.

Austausch von Ziegelsteinen
Suchen Sie sich einen neuen, passenden Stein und schlagen Sie den beschädigten Stein mit Prelleisen und Fäustel heraus. Vermeiden Sie dabei nach Möglichkeit die benachbarten Steine zu beschädigen.

Säubern Sie die Nische von altem Mörtel und bürsten Sie den Staub ab. Feuchten Sie dann die benachbarten Steine etwas an, bevor Sie den unteren Stein sowie die benachbarten Steine mit steifem Mörtel bestreichen. Geben Sie schließlich etwas Mörtel auf die Oberseite des neuen Steins und schieben Sie den Stein vorsichtig an seinen Platz. Füllen und säubern Sie die Fugen (siehe S. 27).

Stabilisieren von Mauern
Falls die Oberkante einer Mauer zu zerfallen beginnt, müssen Sie die oberen Schichten abtragen, neu aufsetzen und die Mauer mit einer Abdeckschicht versehen.

Ist eine Mauer gerissen oder beginnt sie sich zu neigen, weist das auf ein instabiles Fundament hin. Man kann versuchen, das Fundament Stück für Stück durch Beton zu verstärken und danach die schadhaften Stellen im Mauerwerk auszubessern. Ist die Mauer jedoch bereits an mehreren Stellen beschädigt, sollte man sie lieber abreißen und eine neue bauen.

Teil 2: Projekte

Beetkante

Als gleichermaßen praktische wie hübsche Trennung zwischen Rasen und Blumenbeet empfiehlt sich eine Kante aus Ziegelsteinen, die diagonal in einem Mörtelbett verlegt werden. Für diese traditionelle englische Form der Beetkante, die man besonders häufig in der Grafschaft Sussex antrifft und die sehr gut in einen Garten im Landhausstil passt, werden meist schöne alte, handgestrichene Steine verwendet. Eine solche Kante erleichtert übrigens auch das Rasenmähen entlang der Beetkanten.

ZEIT
Ein Wochenende für 5 Meter

BESONDERER TIPP
Diese Art der Beeteinfassung eignet sich besonders für gerade Kanten. Legen Sie die Steine erst einmal ohne Mörtel aus, damit Sie ein Gefühl für die richtigen Abstände bekommen.

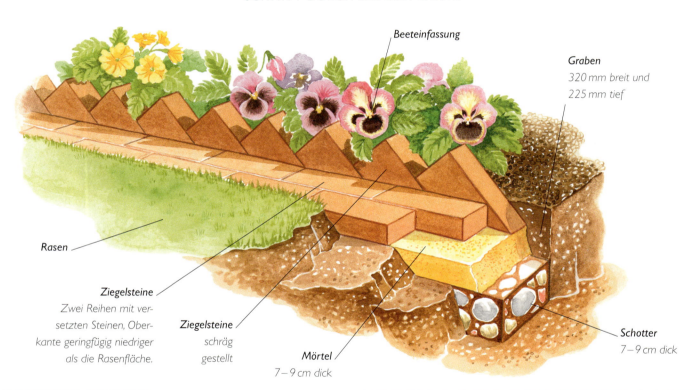

SCHNITT DURCH DIE BEETKANTE

Beeteinfassung

Graben
320 mm breit und 225 mm tief

Rasen

Ziegelsteine
Zwei Reihen mit versetzten Steinen, Oberkante geringfügig niedriger als die Rasenfläche.

Ziegelsteine schräg gestellt

Mörtel 7–9 cm dick

Schotter 7–9 cm dick

GRENZEN SETZEN

Diese Beetkante ist besonders praktisch: Zwei Reihen Ziegelsteine werden so verlegt, dass die Oberkante der Steine etwas unter dem Niveau der Rasenfläche liegt, so dass man mit dem Rasenmäher bequem darüber fahren kann und die Kanten nicht mehr extra zu schneiden braucht.

Bevor Sie mit der Arbeit beginnen, sollten Sie noch ein paar Dinge bedenken, zum Beispiel, ob diese traditionelle englische Form wirklich zum Stil Ihres Gartens passt. Sollten Sie eine modernere Gestaltung bevorzugen, können Sie beispielsweise eine einzelne Reihe schwarzer Ziegelsteine mit einer Reihe blau glasierter Platten kombinieren.

Dieses Projekt ist relativ einfach und sehr gut für Anfänger geeignet.

BENÖTIGTE MATERIALIEN UND WERKZEUGE

Material *für eine 5 m lange und 27 cm breite Kante*
- Ziegelsteine: 85 Stück
- Schotter: 0,2 m³
- Mörtel: 1 Teil (36 kg) Zement und 4 Teile (144 kg) Sand

Geräte und Werkzeuge
- Bandmaß, Pflöcke und Schnur
- Spaten und Harke
- Schubkarre und Eimer
- Vorschlaghammer
- Schaufel und Brett zum Mischen oder Mischer
- Maurerkelle
- Fäustel
- Prelleisen

Beetkante

Graben ausschachten
Stechen Sie die Erde mit flachen Spatenstichen aus.

Mutterboden
Entfernen Sie zuerst den Mutterboden. Wenn möglich sollten Sie den Boden an anderer Stelle im Garten verwenden.

Schnur
Achten Sie darauf, dass die beiden Schnüre straff und parallel zueinander gespannt sind.

1 Stecken Sie mit Pflöcken und Schnur den Umriss der künftigen Beetkante ab. Die Breite des Grabens sollte etwa 32 cm betragen, so dass Sie auf jeder Seite rund 25 mm Spielraum haben. Die Länge der Beetkante legen Sie selbst fest. Entfernen Sie mit Spaten und Harke zunächst den Mutterboden und heben Sie einen 225 mm tiefen Graben aus. Danach können Schnur und Pflöcke entfernt werden.

Schotter
Verdichten Sie die Schotterschicht, bis sie etwa eben ist.

2 Verteilen Sie nun im Graben Schotter oder Ziegelsteinbruch und verdichten Sie diesen mit einem Vorschlaghammer. Stücke, die größer sind als ein halber Ziegelstein, sollten zerkleinert werden. Die verdichtete Schotterschicht muss etwa 7–9 cm stark sein. Entfernen oder zerkleinern Sie alle Steine, die darüber hinaus stehen.

BEETKANTE 37

Fäustel
Das Gewicht des Hammers genügt um den Stein festzuklopfen.

Beetkante
Nachdem der Beetrand befestigt ist, entfernt man die Rasensoden im künftigen Beet.

3 Geben Sie nun auf einer Länge von einem Meter eine 7–9 cm dicke Mörtelschicht in den Graben. Legen Sie zwei Reihen Ziegelsteine in das Mörtelbett (Fugen versetzt anordnen) und klopfen Sie die Steine leicht fest, so dass sie bündig mit der umgebenden Oberfläche abschließen oder etwas darunter liegen. Halbieren Sie die Steine an den Enden der zweiten Reihe mit Fäustel und Prelleisen.

waagerechte Ausrichtung
Achten Sie darauf, dass alle Steine auf gleicher Ebene und etwas unter dem Niveau der Rasenfläche liegen.

Kontrolle
Mit einem zweiten Stein lässt sich kontrollieren, ob die schrägen Steine tief genug im Mörtelbett stecken.

4 Positionieren Sie die Ziegel für die schräge Kante sorgfältig und klopfen Sie die Steine in das Mörtelbett. Der Neigungswinkel sollte etwa 45° betragen. Mit einem zweiten Stein lässt sich prüfen, ob der schräge Stein weit genug im Mörtelbett steckt (siehe Foto). In der Regel genügt aber das Augenmaß.

Hinweis

Wenn Sie etwa sechs Ziegel schräg verlegt haben, sollten Sie ein paar Schritte zurücktreten und aus der Entfernung prüfen, ob die Anordnung regelmäßig wirkt. Zu tief eingedrückte Steine zieht man wieder heraus, gibt etwas mehr Mörtel auf die betreffende Stelle und setzt sie neu ein.

Weg im Cottage-Gartenstil

Dieser Gartenweg aus alten Ziegelsteinen fügt sich harmonisch in das umgebende Grün ein und steht ganz in der Tradition der englischen Landhausgärten. Der Bau eines solchen Weges ist zwar nicht sehr schwierig, Sie müssen jedoch vorher viele Steine dafür sammeln. Je älter und verwitterter diese sind, desto natürlicher wirkt der Weg.

ZEIT
4 Tage pro 4 m Weg

BESONDERER TIPP

Sie können natürlich auch einen anderen Verband wählen. Einige Vorschläge dafür finden Sie auf Seite 28.

BENÖTIGTE MATERIALIEN UND WERKZEUGE

Material für einen 4 m langen und 690 mm breiten Weg
- Ziegelsteine: 186 Stück
- Schotter: 0,25 m³
- Grober Kies: 250 kg
- Sand: 250 kg
- Mörtel: 1 Teil (15 kg) Zement und 4 Teile (60 kg) Sand
- Holz: 8 m Kantholz mit dem Querschnitt 80 x 40 mm (Schalung), mindestens 6 Hölzer, etwa 300 x 35 x 20 mm (Pflöcke), 1 Brett, 690 x 115 x 20 mm; 1 Brett 795 x 35 x 20 mm (Abziehbrett)
- Nägel: mindestens 6 Stück, 50 mm lang, für die Schalung und 2 Stück, 35 mm lang, für das Abziehbrett

Geräte und Werkzeuge
- Bandmaß, Pflöcke und Schnur
- Fäustel
- Spaten
- Schubkarre und Eimer
- Vorschlaghammer
- Mehrzwecksäge
- Klauenhammer
- Stampfer oder Rüttelplatte
- Schaufel und Brett zum Mischen oder Mischer
- Maurerkelle
- Harke
- Besen

DEN WEG EBNEN

In vielen Gärten findet man Wege aus Ziegelsteinen. Die warmen Farbtöne gebrannter Ziegel, die in interessanten Verbänden verlegt werden können, sehen besonders an dunstigen Sommertagen, wenn sie mit den frischen Grüntönen des Laubs und farbenfrohen Blumen kontrastieren, sehr schön aus.

Verschiedenartige Farbkombinationen und Verbände eröffnen unendlich viele Gestaltungsmöglichkeiten. Der hier gezeigte Parkettverband passt besonders gut in traditionelle Landhausgärten. Die Tragfähigkeit des Weges ist ausreichend für leichte Belastungen, und der Weg ist gerade so breit, dass man mit einer Schubkarre darauf fahren kann. Wenn Sie ihn breiter anlegen möchten, lassen Sie sich vom gewählten Muster leiten und vermeiden Sie nach Möglichkeit die Ziegelsteine zu halbieren. Das Fundament ist nicht allzu tief, so dass Sie eigentlich keine unterirdisch verlegten Leitungen beschädigen können. Seien Sie beim Ausschachten trotzdem vorsichtig. Überprüfen Sie vorher den Verlauf von Gas-, Wasser- und Abwasserleitungen und informieren Sie sich über die Lage von Öltanks.

QUERSCHNITT DURCH EINEN GARTENWEG AUS ZIEGELSTEINEN

Pflöcke — Werden an die Schalung genagelt.

Schalung — Schließt mit der Oberkante des Bodens ab.

Rand — Zwei Reihen Ziegelsteine, die in einem Mörtelbett verlegt werden.

Mörtelbett

ausgeschachteter Bereich — 795 mm breit und 248 mm tief

Parkettverband

Sand — Wird aufgefüllt, bis der Abstand zur Oberkante noch 115 mm beträgt.

Sand — 15 mm dick

grober Kies oder Splitt — 35 mm dick

Schotter — 75 mm dick

Gepflasterter Gartenweg

Schotter oder Bauschutt
Soweit zerkleinern und verdichten, dass man eine ebene Oberfläche erhält.

Abziehbrett
Verwenden Sie ein selbstgebautes Abziehbrett um die Kiesschicht zu ebnen.

Vorschlaghammer
Das Gewicht des Vorschlaghammers sollte Ihrer Körperkraft angepasst sein.

Breite des Weges
Der Abstand zwischen den Schalbrettern sollte 690 mm betragen.

Pflöcke
Werden an die Außenseite der Schalbretter genagelt.

1 Planen Sie den Verlauf des Weges und markieren Sie die Wegränder mit Hilfe von Schnur und Pflöcken, die Sie mit dem Fäustel einschlagen. Der Weg sollte 795 mm breit sein. Die Länge legen Sie selbst fest. Tragen Sie den Mutterboden ab und stechen Sie die Erde bis zu einer Tiefe von 250 mm aus. Verteilen Sie dann Ziegelsteinbruch oder Schotter auf dem Grund und verdichten Sie diese Schicht mit dem Vorschlaghammer bis auf eine Stärke von 75 mm.

2 Nageln Sie die Pflöcke an die Außenseiten der Schalbretter und stellen Sie die Schalbretter so auf, dass ihre Oberkante mit der Bodenkante abschließt. Überprüfen Sie, ob die Ziegelsteine in dem von Ihnen vorgesehenen Verband zwischen die Schalbretter passen, indem Sie ein kurzes Stück des Weges nach Plan auslegen. Verteilen Sie nun groben Kies oder Splitt auf dem Schotter und verdichten Sie das Ganze mit der Rüttelplatte zu einer Schicht von 35 mm Dicke. Mit dem Abziehbrett ziehen Sie den überschüssigen Kies ab.

3 Mischen Sie etwas steifen Mörtel an und legen Sie auf jeder Seite eine Reihe Ziegelsteine in das Mörtelbett. Lassen Sie zwischen den Steinen keine Fugen. Klopfen Sie die Steine leicht ein, so dass sie bündig mit der Oberkante der Schalbretter abschließen. Den herausquellenden Mörtel nehmen Sie mit der Maurerkelle ab.

Kante
Die Oberkante der Ziegel sollte mit der Oberkante der Schalbretter abschließen.

Mörtel
Kratzen Sie allen überschüssigen Mörtel ab.

GEPFLASTERTER GARTENWEG 41

Abziehen
Den Sand leicht festklopfen und dann vorsichtig eben abziehen.

Abziehbrett
Passen Sie die Höhe des Brettes an, nachdem die 15 mm dicke Sandschicht eingefüllt, verdichtet und abgezogen ist.

4 Ist der Mörtel erhärtet, verteilen Sie auf dem Bett des Weges etwas Sand und verdichten diese Schicht auf eine Stärke von 15 mm. Dabei sollten die Randsteine möglichst nicht verschoben werden. Verteilen Sie noch mehr Sand und verringern Sie die Breite des Abziehbretts, so dass es nun zwischen die beiden Ränder passt. Ziehen Sie die Sandschicht ab. Jetzt sollte das Bett noch etwa 110 mm tief sein.

Tiefe
Überprüfen Sie die Tiefe, sie sollte nun noch 110 mm betragen.

Größe und Farbe
Sie sollten mit der Anordnung zunächst etwas experimentieren um die für Sie beste Lösung zu finden.

5 Verlegen Sie die Ziegel wie hier gezeigt. Treten Sie dabei möglichst nicht auf den Sand. Von Zeit zu Zeit sollten Sie einige Schritte zurücktreten und das Ergebnis Ihrer Arbeit prüfen. Sind alle Ziegel verlegt, füllen Sie die Fugen mit Sand auf. Befestigen Sie eine weiche Matte oder ein Stück alten Teppich an der Rüttelplatte und fahren Sie damit noch einmal über den Weg.

Hinweis

Die Abmessungen alter Ziegelsteine können etwas variieren. Gleichen Sie solche Abweichungen aus, indem Sie die Abstände zwischen den Ziegeln entsprechend anpassen.

Erhöhte Terrasse aus Ziegelsteinen

Eine Terrasse ist meist der Mittelpunkt eines Gartens; man kann Sie auf vielfältige Art und Weise nutzen. Sie eignet sich als Grillplatz, bei schönem Wetter kann man die Mahlzeiten auf der Terrasse genießen und sie ist auch ein sicherer Spielplatz für die Kinder. Wenn Sie Puzzles mögen, wird es Ihnen sicher Spaß machen, die Pflastersteine wie hier gezeigt im Fischgrätverband zu verlegen.

ZEIT
3 Tage für die Anlage des Fundaments und 1 Tag zur Fertigstellung

BESONDERER TIPP
Beim Bau einer erhöhten Terrasse muss man weniger graben und hat weniger Aushub zu beseitigen als bei einer ebenen Terrasse.

SCHNITT DURCH DIE ERHÖHTE TERRASSE

loser Sand — 13 mm dick

Sand — 30 mm dick

grober Kies — 50 mm dick

mittlerer Bereich — Wird 150 mm tief ausgeschachtet.

Ziegelsteine — Werden im Fischgrätverband verlegt.

Begrenzung — Zwei Schichten Ziegel legen, dazwischen Mörtel streichen.

Graben — 320 mm breit und 150 mm tief

Schotter — 75 mm dick

BENÖTIGTE MATERIALIEN UND WERKZEUGE

Material *für eine Terrasse mit einer Seitenlänge von etwa 3 m*
- Ziegelsteine: 104 Stück (Kante) und 351 Stück (Terrassenfläche)
- Schotter: 0,75 m³
- Grober Kies: 1 t
- Sand: 1 t
- Mörtel: 1 Teil (20 kg) Zement und 4 Teile (80 kg) Sand
- Holz: 1 Brett, 3000 x 150 x 20 mm (zum Abziehen)

Geräte und Werkzeuge
- Bandmaß, Pflöcke und Schnur
- Fäustel
- Spaten und Harke
- Schubkarre und Eimer
- Vorschlaghammer
- Schaufel und Brett zum Mischen oder Betonmischer
- Maurerkelle und Fugenkelle
- Wasserwaage
- Rüttelplatte
- Harke
- Prelleisen
- Besen

WAS ZU BEACHTEN IST

Auf den Seiten 28 und 30 finden Sie Beispiele für Verbandarten. Bei bestimmten Verbänden muss man jedoch viele Steine halbieren und benötigt demzufolge mehr Zeit für die Anlage der Terrasse.

Eine leicht erhöhte Terrasse, bei der die Pflastersteine innerhalb einer kleinen Stützmauer verlegt werden, ist eine praktische Lösung, da der Aufwand zum Ausschachten und zur Entsorgung des Aushubs praktisch wegfällt. Trotzdem sollten Sie immer daran denken, dass das Anlegen einer Terrasse harte Arbeit ist und auch eine ganze Menge Geld kostet, da es sich in der Regel um eine größere Fläche handelt.

Berücksichtigen Sie beim Einmessen, dass die geplante Höhe der Terrasse mit bereits vorhandenen Türen, Stufen oder Gartenwegen harmoniert. Schließt die Terrasse direkt an das Haus an, müssen Sie darauf achten, dass keine Lüftungssteine (durchbrochene Steine im Sockel des Hauses) blockiert werden. Außerdem muss die Oberkante der Terrasse mindestens 15 cm unterhalb der Sperrschicht gegen aufsteigende Feuchtigkeit in der angrenzenden Hausmauer liegen. Das Wichtigste ist jedoch, dass die Terrasse leicht abfällt. Das Gefälle vom Haus weg sollte etwa 25 mm auf 2 m betragen.

Erhöhte Terrasse im Fischgrätverband

Graben
Der Graben muss 320 mm breit und 150 mm tief sein.

Schotter
Verdichten und ebnen Sie die Schotter- oder Bauschuttschicht. Sie sollte 75 mm dick sein.

1 Messen Sie mit einem Bandmaß die Grundfläche ein und stecken Sie diese mit Pflöcken und Schnur ab. Geben Sie beim Abstecken an den Kanten 10 cm zu, jedoch nicht an der Seite, an welcher die Terrasse an die Hausmauer grenzt. Überprüfen Sie die Rechtwinkligkeit der markierten Grundfläche (siehe Seite 21). Nun heben Sie mit dem Spaten einen 320 mm breiten und 150 mm tiefen Graben entlang des abgesteckten Randes aus. Verteilen Sie darin Schotter oder Ziegelsteinbruch und verdichten Sie diese Schicht mit einem Vorschlaghammer bis auf eine Höhe von 75 mm.

Entfernen oder zerkleinern Sie große Steine, die über die angegebene Höhe hinausragen.

Mit dem Stiel des Fäustels richten Sie die Ziegelsteine im Mörtelbett aus.

2 Bauen Sie die Einfassung etwa in der Mitte des Grabens. Legen Sie die erste Schicht Ziegelsteine auf ein dickes Mörtelbett. Die Fugen zwischen den Steinen sollten etwa 10 mm breit sein. Überprüfen Sie, ob die Steine in gerader Linie und auf einer Höhe liegen (bzw. ob die Einfassung vom Haus weg etwas Gefälle aufweist). Nachdem Sie die zweite Schicht aufgesetzt haben, verfüllen Sie die Fugen. Nehmen Sie allen überschüssigen Mörtel ab und stellen Sie die Fugenkelle beim Glattziehen der waagerechten Fugen leicht schräg, so dass später das Regenwasser leichter ablaufen kann.

Bauen Sie die Stützmauer zwei Schichten hoch.

ERHÖHTE TERRASSE IM FISCHGRÄTVERBAND 45

Mauer
Die obere Schicht der kleinen Mauer bildet die Einfassung der Terrasse.

Rüttelplatte
Ein sicheres und leicht zu bedienendes Gerät.

3 Warten Sie nun, bis der Mörtel hart ist und schachten Sie in der Zwischenzeit die Fläche innerhalb der Einfassung 150 mm tief aus. Verteilen Sie auf dem Boden eine Schicht Schotter und verdichten Sie diese mit dem Vorschlaghammer auf eine Stärke von 75 mm. Es folgt eine dicke Schicht aus grobem Kies, den man mit einer Rüttelplatte auf 50 mm verdichtet. Zum Schluss wird auf der gesamten Fläche Sand verteilt und auf eine Schichtstärke von 30 mm verdichtet. Sägen Sie an den Enden eines 3 m langen Abziehbrettes Aussparungen aus, die der Höhe der Steine entsprechen. Bitten Sie einen Helfer, das Brett mit Ihnen gemeinsam über die Sandfläche zu ziehen. Die Enden liegen dabei auf der Ziegelmauer auf.

Ziegelsteine
Legen Sie die Steine in dem gewünschten Verband aus.

4 Füllen Sie dort, wo es nötig ist, mehr Sand auf, verdichten Sie diesen und ziehen Sie die Fläche noch einmal ab. Verteilen Sie dann mit der Harke eine etwa 13 mm dicke lose Sandschicht über der gesamten Fläche. Legen Sie nun die Ziegelsteine im Fischgrätverband aus. Kehren Sie Sand in die Fugen. Befestigen Sie ein Stück alten Teppich oder eine spezielle Auflage an der Rüttelplatte und rütteln Sie die Fläche gründlich ab.

Hinweis
Achten Sie auf gleichmäßige Abstände zwischen den Steinen. Gehen Sie von Zeit zu Zeit ein paar Meter zurück und prüfen Sie das Ergebnis Ihrer Arbeit. Bei größeren Flächen sollten Sie zur Orientierung eine Schnur spannen.

Klassisches Vogelbad

Ein Vogelbad ist ein besonders hübsches und interessantes Detail im Garten, denn es ist immer wieder faszinierend, den Vögeln beim Plantschen und Spritzen zuzusehen. Auf die aus Ziegelsteinen gemauerte Säule stellt man ein Vogelbad aus dem Gartenmarkt oder aber man fertigt aus Holz, Stein oder Metall selbst ein Becken. Die Säule sollte an einem Ort stehen, den man von der Terrasse aus gut einsehen kann, so dass man das ganze Jahr über Spaß an dem Schauspiel hat.

ZEIT
½ Tag für das Fundament und 4 Tage für die Säule

BESONDERER TIPP
Statt eines Vogelbades kann man auch eine Sonnenuhr auf die Säule stellen.

BENÖTIGTE MATERIALIEN UND WERKZEUGE

Material *für die Säule (1,09 m hoch, Seitenlänge 553 mm)*
- Ziegelsteine: 82 Stück
- Dachziegel oder Fliesen: 36 Stück, 143 mm Seitenlänge und 8 mm dick
- Gehwegplatte: 440 mm Seitenlänge und 35 mm dick
- Schotter: 0,1 m³
- Beton: 1 Teil (40 kg) Zement und 4 Teile (160 kg) Kies der Körnung 0–16
- Mörtel: 1 Teil (12 kg) Zement und 4 Teile (48 kg) Sand
- Holz: 4 Bretter, 690 x 120 x 40 mm (Schalung), 4 Bretter, 393 x 75 x 47 mm (Kragen)
- Nägel: 16 Stück, 80 mm lang
- Vogelbad: 345 mm Seitenlänge, 84 mm hoch

Geräte und Werkzeuge
- Bandmaß und ein Stück Kreide
- Mehrzwecksäge
- Klauenhammer
- Spaten
- Schubkarre und Eimer
- Vorschlaghammer
- Wasserwaage
- Schaufel und Brett zum Mischen oder Betonmischer
- Maurerkelle und Fugenkelle
- Prelleisen
- Gummihammer
- Fliesenschneider

AUSEINANDER GEZOGENE PERSPEKTIVZEICHNUNG DES VOGELBADES

Vogelbad Seitenlänge 345 mm, Tiefe 84 mm

Gehwegplatte Seitenlänge 440 mm, Dicke 35 mm

Kragen Stützt die überhängenden Ziegelsteine während des Baus.

Schräge Mörtelfuge über den Fliesen, damit das Regenwasser besser ablaufen kann.

Befestigen Sie den Kragen mit kleinen dreieckigen Holzstücken, die Sie zwischen dem Holz und den Steinen verkeilen.

Fliesen oder Dachziegel Zwei Schichten, die an jeder Seite 16 mm überstehen.

Schalung für das Fundament

Die Erde 300 mm tief ausschachten.

Schotter 180 mm

Beton 120 mm

FASZINIERENDE AUSSICHTEN

Die meisten von uns lieben es, Vögel im Garten zu beobachten. Wenn Sie den gefiederten Gesellen den Luxus eines Vogelbades bieten, werden sie ihren Garten wahrscheinlich besonders gern aufsuchen. Doch ist diese gemauerte Säule nicht nur für ein Vogelbad geeignet. Wenn Katzen im Haus leben, sollte man lieber darauf verzichten und stattdessen eine schöne Skulptur oder auch eine Sonnenuhr darauf stellen. Eine Skulptur oder Ähnliches befestigt man, indem man oben in die Mitte der Säule mit einem Steinbohrer ein Loch bohrt (Durchmesser 10 mm, Tiefe mindestens 150 mm). Dann bohren Sie ein 150 mm tiefes Loch in die Unterseite der Statue. Stecken Sie schließlich ein 300 mm langes Eisenrohr (Durchmesser 10 mm) in das gebohrte Loch und stecken Sie die Statue darauf.

Statt einer schlichten Schale vom Gartenmarkt kann man natürlich auch ein handgefertigtes Vogelbad aus Metall, Naturstein oder Holz auf die Säule stellen.

Klassisches Vogelbad

Randsteine

mittlere Steine
Für die Mitte müssen Sie einen Stein halbieren.

1 Verbinden Sie die Bretter für die Schalung an den Ecken auf Stoß, indem Sie jeweils zwei 80 mm lange Nägel einschlagen. Legen Sie die Schalung auf die Erde und markieren Sie den Umriss grob mit einem Spaten. Nehmen Sie die Schalung wieder weg und schachten Sie die entsprechende Fläche 30 cm tief aus. Füllen Sie etwas Schotter in die Vertiefung und verdichten Sie diese Schicht mit dem Vorschlaghammer bis auf eine Dicke von 180 mm. Legen Sie darauf die Schalung und prüfen Sie mit der Wasserwaage, ob diese waagerecht liegt. Füllen Sie dann den Beton ein. Ist der Beton erhärtet, legen Sie darauf probehalber die erste Schicht Ziegelsteine aus.

Gummihammer
Verhindert, dass die Ziegelsteine beschädigt werden.

Achten Sie darauf, dass alle Steine in einer Ebene liegen.

dritte Schicht

Fugen
Die senkrechten Fugen sind stets versetzt anzuordnen.

Verfugen
Zum Verfugen benutzt man die spitze Fugenkelle.

2 Markieren Sie den Umriss der Säule mit Kreide. Nehmen Sie dann die Ziegel weg und verteilen Sie eine Schicht Mörtel innerhalb der markierten Grenzen. Legen Sie die erste Schicht Ziegel in das Mörtelbett. Überprüfen Sie dann die Rechtwinkligkeit, indem Sie die Länge der Kanten und der Diagonalen messen (siehe Seite 21). Die Wasserwaage zeigt Ihnen an, ob Sie die Ziegel genau waagerecht verlegt haben. Die zweite Schicht ebenso verlegen, die senkrechten Fugen sind jedoch versetzt anzuordnen.

3 Säubern Sie die Fugen der ersten beiden Schichten. Legen Sie die dritte Schicht, die etwas nach innen versetzt ist, wiederum probehalber aus und markieren Sie den Umriss mit Kreide. Dann legen Sie die Ziegel in ein Mörtelbett. Wiederholen Sie diese Arbeitsschritte, um die vierte Schicht fertig zu stellen. Mauern Sie bis zur Höhe der Fliesenschicht und lassen Sie den Mörtel über Nacht aushärten.

KLASSISCHES VOGELBAD 49

waagerechte Ausrichtung
Verteilen Sie zwischen den Dachziegeln oder Fliesen eine dicke Schicht Mörtel und klopfen Sie die Platten mit einem Gummihammer fest.

Fliesen oder Dachziegel
Schneiden Sie die Fliesen so zu, dass sie an allen Seiten 16 mm überstehen.

4 Schneiden Sie die Fliesen so zu, dass der Rand an jeder Seite 16 mm übersteht. Achten Sie darauf, dass alle Fugen versetzt angeordnet sind. Das Verlegen der dünnen Platten ist nicht ganz so einfach, deshalb sollten Sie sich dafür genügend Zeit nehmen und sorgfältig arbeiten. Mit der Wasserwaage überprüft man, ob die Fläche waagerecht ist.

Mörtel
Kratzen Sie etwas Mörtel aus der Fuge zwischen den beiden Fliesenschichten.

Kragen
Bauen Sie zuerst einen Holzrahmen, der sich lose um den oberen Abschluss der Säule schieben lässt und stecken Sie dann von unten kleine Holzkeile ein, so dass der Rahmen nicht nach unten rutschen kann. Der Kragen stützt die überhängenden Ziegel. Lassen Sie den Mörtel mindestens 48 Stunden trocknen, bevor Sie ihn abnehmen.

5 Mauern Sie die weiteren Schichten. Überprüfen Sie bei jeder Schicht die waagerechte und senkrechte Ausrichtung. Bauen Sie dann den hölzernen Kragen, der die überhängende Ziegelschicht stützt. Darauf legen Sie dann die letzte Schicht. Richten Sie zum Schluss die Gehwegplatte aus und reinigen Sie die Fugen. Wenn alles fertig ist, stellt man das Vogelbad auf die Säule.

Hinweis

Allein ist es etwas schwierig, den hölzernen Rahmen zu befestigen. Bitten Sie deshalb jemanden um Hilfe. Sollte der Rahmen verrutschen, verwenden Sie mehr und verschieden dicke Keile.

Terrasse mit Beeten

Stellen Sie sich einen lauen Sommerabend vor. Sie sitzen draußen auf der Terrasse, die Steine strahlen die tagsüber gespeicherte Wärme ab und die Blumen und Kräuter in den Beeten verströmen einen wunderbaren Duft. Wer hätte da nicht gleich Lust, mit dem Bau dieser Terrasse zu beginnen?

ZEIT
5 Tage für das Fundament und 2 Tage zum Verlegen der Steine

BESONDERER TIPP
Entscheiden Sie sich für einen anderen Ziegelverband, sollten Sie erst einmal einen Teil der Fläche provisorisch auslegen und die Wirkung aus einiger Entfernung betrachten.

BENÖTIGTE MATERIALIEN UND WERKZEUGE

Material *für eine Terrasse mit einer Seitenlänge von 4815 mm*

- Betonpflastersteine: 714 Stück, 200 x 100 x 50 mm (werden andere Steine verwendet, sind die Menge, die Abmessungen der Terrasse und die Tiefe des Fundaments entsprechend anzupassen)
- Schotter: 2,5 m³
- Beton: 1 Teil (500 kg) Zement und 4 Teile (2 t) grober Kies
- Mörtel: 1 Teil (75 kg) Zement und 4 Teile (300 kg) Sand
- Holz: 28 m mit einem Querschnitt von 150 x 22 mm (Schalung), 56 Pflöcke, 300 mm lang, 35 mm breit und 22 mm dick, sowie 1 Brett, 1600 x 100 x 22 mm (zum Verdichten des Betons)
- Nägel: 172 x 38 mm

Geräte und Werkzeuge
- Bandmaß, Pflöcke und Schnur
- Spaten und Harke
- Schubkarre und Eimer
- Mehrzwecksäge
- Klauenhammer
- Wasserwaage
- Fäustel
- Vorschlaghammer
- Schaufel und Brett zum Mischen oder Betonmischer
- Prelleisen
- Fugenkelle
- kleine Gartenschaufel

PLANUNG DER BEETE

Diese Terrasse, auf der bepflanzte und gepflasterte Bereiche einander abwechseln, erinnert an einen mittelalterlichen Kräutergarten. Hier kann man wie durch eine Miniaturlandschaft gehen, sich an irgendeiner Stelle in Ruhe hinsetzen oder einfach nur den Duft der Kräuter genießen. Der Anteil der Beet- bzw. der Pflasterfläche kann natürlich ganz nach Wunsch verändert werden. Soll die Terrasse auch als Sitzplatz gedacht sein, wäre es günstiger, nur auf einer Seite Beete vorzusehen und einen größeren gepflasterten Bereich für die Sitzgruppe zu planen.

Der Bau einer größeren Terrasse ist eine erhebliche finanzielle und zeitliche Investition, überlegen Sie sich also, ob Sie ein solches Projekt allein bewältigen können. Das Fundament ist nicht sehr tief, so dass Sie beim Ausschachten normalerweise nicht auf unterirdische Leitungen stoßen sollten. Seien Sie trotzdem vorsichtig und holen Sie sich Rat, wenn Sie auf irgendwelche Leitungen stoßen, die Sie an der betreffenden Stelle nicht erwartet haben. Der größte Teil der Arbeit besteht im Ausschachten und im Bau der hölzernen Schalung; verzweifeln Sie also nicht, wenn es zu Anfang nicht so richtig vorwärts gehen will.

SCHNITT DURCH DIE TERRASSE

- 522 mm
- 560 mm
- 1165 mm x 552 mm
- 1075 mm x 590 mm
- Beton 50 mm dick
- Schotter 100 mm dick
- Betonpflastersteine
- Seitenlänge 1395 mm
- bepflanzter Bereich
- Bis zu einer Tiefe von 205 mm ausschachten.

52 PROJEKTE

Terrasse mit Beeten

Schotter
Verdichten Sie den Schotter oder Ziegelsteinbruch zu einer 100 mm dicken Schicht, die 30 bis 40 mm unter der Oberkante der Schalung abschließen sollte.

Schalung
Nageln Sie die Schalbretter an den Ecken mit jeweils zwei Nägeln zusammen. Nageln Sie die Pflöcke an die Innenseiten der Schalung.

1 Schachten Sie eine quadratische Fläche mit einer Seitenlänge von 4815 mm bis zu einer Tiefe von 205 mm aus. Stecken Sie den Umriss der zukünftigen Beete ab. Bauen Sie Schalungen für die Beete. Stecken Sie diese in den Boden und zwar so, dass die Oberkanten aller Schalbretter auf gleicher Höhe liegen. Verteilen Sie dort, wo gepflastert werden soll, Schotter und verdichten Sie diesen bis auf 100 mm Stärke.

Hinweis

Lassen Sie zwischen den Schalungen der Beete und dem Schotter nach Möglichkeit etwas Abstand. Auf diese Weise erhalten Sie eine dickere Betonkante um die Beete herum.

Beton
Sollte eine krümelige Beschaffenheit haben.

2 Mischen Sie etwas Beton an (mit nur sehr wenig Wasser, er sollte noch krümelig sein) und schaufeln Sie die Mischung über die Schotterschicht. Mit dem Brett verdichten Sie die Betonschicht und ziehen diese dann glatt über die Schalung ab. Man kann diesen Arbeitsgang unter Umständen auch allein ausführen, zu zweit geht es jedoch viel einfacher. Treten Sie keinesfalls auf den frischen Beton! Legen Sie in einem Arbeitsgang immer nur ein Viertel der Terrasse an.

Verdichten
Der Beton wird verdichtet und über die Oberkante der Schalung abgezogen.

TERRASSE MIT BEETEN 53

Einbetten
Feuchten Sie die Unterseite der Pflastersteine an und drücken Sie die Steine ganz leicht in den Beton.

Schnur
Eine straff gespannte Schnur hilft bei der Orientierung.

3 Warten Sie nicht, bis der Beton getrocknet ist, sondern beginnen Sie sofort mit dem Verlegen der Pflastersteine. Spannen Sie entlang der ersten Reihe eine Richtschnur. Lassen Sie zwischen den Steinen etwa 15 mm breite Fugen. Da das Betonfundament bereits waagerecht ist, braucht man die Steine nur mit leichtem Druck darauf zu legen. Treten Sie von Zeit zu Zeit ein paar Schritte zurück und überprüfen Sie den gleichmäßigen Abstand der Reihen.

Fugen
Die Fugen sollten etwa 15 mm breit sein.

Mörtel
Drücken Sie krümeligen Mörtel in die Fugen.

Schalung
Entfernen Sie die Schalung und füllen Sie die Beete mit Erde auf.

Pflanzen
Wählen Sie die Pflanzen sorgfältig aus. Experimentieren Sie mit der Anordnung, solange sie sich noch in den Pflanztöpfen befinden und berücksichtigen Sie bei der Planung die endgültige Größe der Pflanzen.

Verfugen
Mit dem runden Griff der Fugenkelle glättet man die Fugen.

Pflanzerde
Die Zusammensetzung der Pflanzerde richtet sich nach den Pflanzen, die in den Beeten wachsen sollen.

4 Werden an den Enden der Reihen kürzere Stücke benötigt, zerteilt man die Steine mit Prelleisen und Fäustel. Mischen Sie den Mörtel zum Verfugen mit sehr wenig Wasser zu einer krümeligen Masse an und drücken Sie ihn mit der Fugenkelle in die Fugen. Glätten Sie die Fugen.

5 Warten Sie nun mindestens zwei Tage, bis der Beton und der Mörtel völlig ausgehärtet sind und reinigen Sie die Fläche dann von überschüssigem Mörtel. Entfernen Sie die Schalung, lockern Sie den Boden in den Beeten mit einer Grabegabel und füllen Sie gute Pflanzerde oder Kompost ein.

Anregungen: Gepflasterte Terrassen

Terrassen und Höfe aus Beton, Terrassenplatten oder Teer sind mitunter zu auffällig und optisch wenig ansprechend; gepflasterte Terrassen hingegen fügen sich meist harmonisch in die Umgebung ein. Ein solide angelegte Terrasse aus Hartbrandziegeln sieht hübsch aus, ist praktisch und passt zu einem Stadthaus genau so gut wie in einen Landhausgarten. Die Ziegelsteine können in unterschiedlichen Verbänden verlegt werden und lassen sich auch mit großen Kieseln, Natursteinplatten oder anderen Materialien kombinieren.

OBEN Eine Terrasse aus Ziegeln, großen Kieseln vom Meeresstrand und auf dem Feld gesammelten Flintsteinen. Der Eigentümer dieses Gartens wollte in einem abgelegenen Teil seines grünen Paradieses eine Oase der Ruhe schaffen und hat sich für eine dekorative Halbkreisform entschieden.

OBEN Diese recht große Terrasse aus Steinplatten und Ziegeln, die das flache Bauernhaus umgibt, ist praktisch und schön. Die Muster in der Pflasterfläche sind aus den gleichen Ziegeln gestaltet, die auch für die Mauern des Hauses verwendet wurden.

LINKS Eine riesige gepflasterte Terrasse, die von einer niedrigen Hecke eingefasst ist und fast wie ein breiter Weg wirkt. Die Terrasse wurde an einem Abhang angelegt. Der äußere Rand ist erhöht, während der innere in eine Rasenfläche übergeht.

Gemauertes Hochbeet

Hochbeete haben viele Vorteile: Sie erleichtern die Gartenarbeit und erweitern den Garten um eine dritte Dimension; man kann sie mit spezieller **Pflanzerde** füllen und darin besondere **Pflanzen** ziehen, die im vorhandenen Gartenboden nicht gedeihen würden. Auch für die Anlage eines kleinen Steingartens ist ein **Hochbeet** sehr zu empfehlen, denn darin kommen die Steingartenstauden mit ihren filigranen **Blüten** besonders gut zur Geltung.

ZEIT
1 Wochenende (länger, wenn kein Fundament vorhanden ist)

BESONDERER TIPP
Sie benötigen zum Zerteilen der Steine eventuell einen Trennschleifer. Bei der Arbeit mit diesem Gerät sind spezielle Sicherheitsvorschriften zu beachten (siehe S. 14 und 25).

QUERSCHNITT DURCH DAS HOCHBEET

Abdeckstein 290 x 132 x 26 mm

Schmuckstein 215 x 215 x 28 mm

zusätzliche Ziegelsteine Hinter die Schmuckfliese setzen.

Fundament Vielleicht können Sie eine vorhandene Pflasterfläche als Fundament nutzen.

Pflanzerde Mutterboden und Kompost

Beton 50 mm dick

Drainage Ziegelbruch und Kiesel, die Staunässe verhindern.

Schotter 100 mm dick

BENÖTIGTE MATERIALIEN UND WERKZEUGE

Material für ein L-förmiges Hochbeet mit einer Seitenlänge von 1148 mm und einer Höhe von 560 mm
- Ziegelsteine: 128 Stück
- Schmuckfliesen: 2 Stück, 215 x 215 x 28 mm
- Abdecksteine: 14 Stück, 290 x 132 x 26 mm
- Mörtel: 1 Teil (15 kg) Zement und 4 Teile (60 kg) Sand

Geräte und Werkzeuge
- Bandmaß, Lineal (etwa 1,20 m lang), ein Stück Kreide
- Schaufel und Brett zum Mischen oder Betonmischer
- Maurerkelle und Fugenkelle
- Wasserwaage
- Maurerhammer
- Prelleisen
- Fäustel
- Trennschleifer (zum Zerteilen der Abdecksteine)

HOCH HINAUS

Auch dieses Projekt lässt dem Bauherrn verschiedene Optionen offen, das Hochbeet muss also nicht exakt nach den Vorgaben in diesem Buch gebaut werden. Wenn Sie die Anlage eines größeren Beetes erwägen, denken Sie daran, dass Sie dafür mehr Steine, mehr Arbeitszeit und auch mehr Erde zum Auffüllen benötigen. Dieses schmale L-förmige Beet ist ideal für kleinere Pflanzen und eignet sich sehr gut zur optischen Abgrenzung einer Terrasse vom übrigen Teil des Gartens. Die Schmuckfliesen machen den Bau des Beetes zwar etwas komplizierter, das Ergebnis ist jedoch die zusätzliche Anstrengung wert. Schauen Sie sich auf Bergehöfen und bei Händlern um, die historische Baumaterialien verkaufen. Dort findet man oft schöne alte Terrakottafliesen oder andere Schmucksteine. Auch glasierte Fliesen in leuchtenden Farben würden gut zu den warmen Tönen der Ziegelsteine passen.

Gemauertes Hochbeet

DRAUFSICHT: ANORDNUNG DER ZIEGELSTEINE IN DER ERSTEN SCHICHT

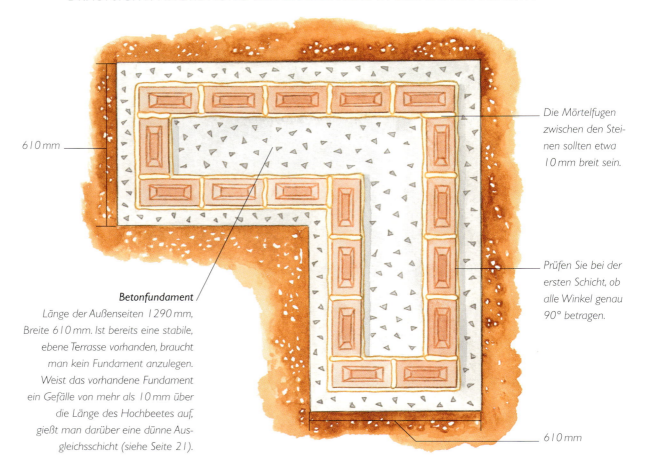

610 mm

Die Mörtelfugen zwischen den Steinen sollten etwa 10 mm breit sein.

Prüfen Sie bei der ersten Schicht, ob alle Winkel genau 90° betragen.

Betonfundament
Länge der Außenseiten 1290 mm, Breite 610 mm. Ist bereits eine stabile, ebene Terrasse vorhanden, braucht man kein Fundament anzulegen. Weist das vorhandene Fundament ein Gefälle von mehr als 10 mm über die Länge des Hochbeetes auf, gießt man darüber eine dünne Ausgleichsschicht (siehe Seite 21).

610 mm

DETAILSKIZZE: ZEIGT DIE AUSSPARUNG FÜR DEN SCHMUCKSTEIN

Lassen Sie eine Aussparung in der Mauer, die der Größe des Schmucksteins entspricht.

Zerteilen Sie die Steine sorgfältig, so dass Sie eine saubere Kante erhalten. Die Schnittkante sollte möglichst nicht außen liegen.

Hinter den Schmuckstein werden zwei Ziegelsteine gesetzt. (Setzen Sie jedoch zuerst den Schmuckstein ein.)

GEMAUERTES HOCHBEET 59

AUSEINANDER GEZOGENE PERSPEKTIVZEICHNUNG DES HOCHBEETES

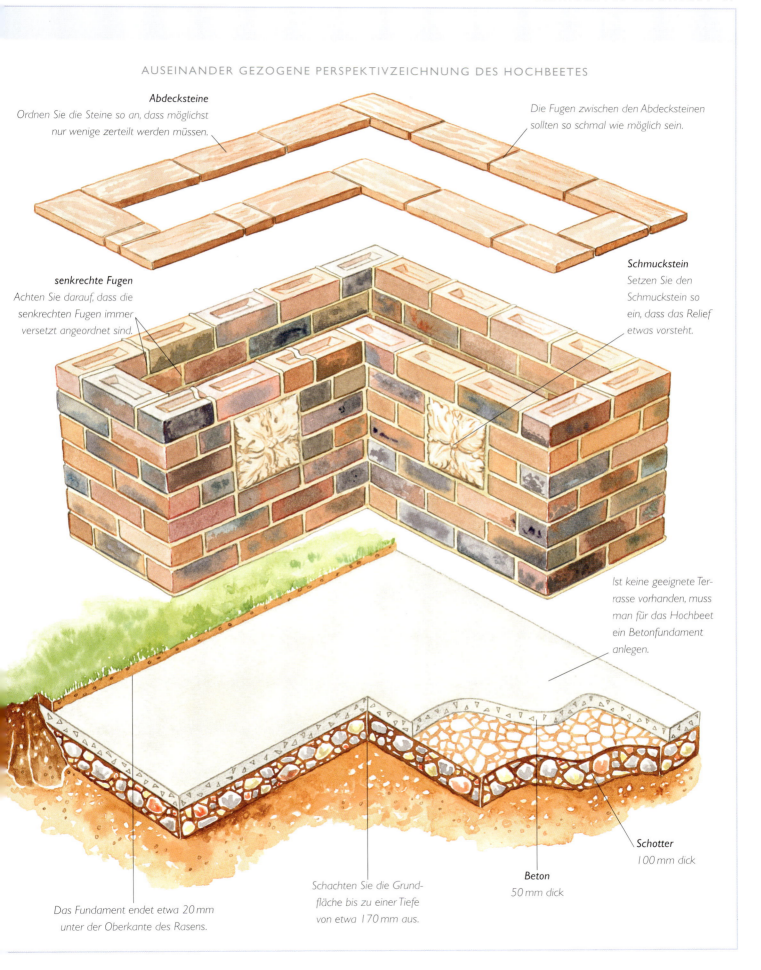

Abdecksteine
Ordnen Sie die Steine so an, dass möglichst nur wenige zerteilt werden müssen.

Die Fugen zwischen den Abdecksteinen sollten so schmal wie möglich sein.

senkrechte Fugen
Achten Sie darauf, dass die senkrechten Fugen immer versetzt angeordnet sind.

Schmuckstein
Setzen Sie den Schmuckstein so ein, dass das Relief etwas vorsteht.

Ist keine geeignete Terrasse vorhanden, muss man für das Hochbeet ein Betonfundament anlegen.

Das Fundament endet etwa 20 mm unter der Oberkante des Rasens.

Schachten Sie die Grundfläche bis zu einer Tiefe von etwa 170 mm aus.

Beton
50 mm dick

Schotter
100 mm dick

Gemauertes Hochbeet

Markieren
Markieren Sie mit einem Stück Kreide und einem Lineal den Grundriss des Beetes auf dem Fundament oder der vorhandenen Terrasse.

Ecken
Überprüfen Sie, ob alle Ecken rechtwinklig sind.

erste Schicht
Legen Sie die Ziegelsteine zuerst ohne Mörtel aus. Die Fugen sollten etwa 10 mm breit sein.

Waagerechte Ausrichtung
Mit der Wasserwaage überprüft man, ob alle Steine auf gleicher Höhe liegen.

Kontrollieren Sie, ob die Steine eine gerade Linie bilden. Legen Sie dazu das Lineal oder die Kante der Wasserwaage an.

1 Unser Hochbeet bildet eine Ecke einer Terrasse, die gleichzeitig einen stabilen und ebenen Untergrund darstellt, so dass wir kein Fundament zu gießen brauchten. Wenn Sie ein Fundament anlegen müssen, schlagen Sie auf den Seiten 20–21 nach! Legen Sie die erste Schicht Ziegelsteine zunächst ohne Mörtel aus und markieren Sie den Umriss des Beetes mit Kreide und Lineal.

2 Legen Sie die erste Schicht Steine nun in ein Mörtelbett. Mit der Wasserwaage kontrollieren Sie die waagerechte Ausrichtung. Dann sollten Sie das Ergebnis der Arbeit aus einigen Metern Entfernung betrachten. Die Ecken müssen rechtwinklig, die Seiten gerade und die Fugen zwischen den Steinen möglichst gleichmäßig sein.

3 Verlegen Sie die nächsten zwei Schichten, wobei die Ziegel immer um einen halben Stein zu versetzen sind. Überprüfen Sie die Ausrichtung jeder Reihe mit der Wasserwaage. Säubern Sie die Fugen mit der Fugenkelle.

Die innen liegenden Fugen brauchen nicht so sorgfältig geglättet zu werden. Nehmen Sie einfach den überschüssigen Mörtel ab.

Verfugen
Kratzen Sie mit der Fugenkelle überschüssigen Mörtel ab und glätten Sie dann die Fugen.

GEMAUERTES HOCHBEET **61**

Ziegelsteine
Beschweren Sie das Brett, das den Schmuckstein in der richtigen Position fixiert, mit zwei Ziegelsteinen.

Überprüfen Sie die horizontale und vertikale Ausrichtung des Schmucksteins und achten Sie darauf, dass das Relief aus der Wandfläche herausragt.

4 Mauern Sie nun die nächsten drei Schichten; lassen Sie dabei in den Vorderseiten des Beetes Aussparungen für die Schmucksteine. Verteilen Sie in jeder Aussparung etwas Mörtel und setzen Sie die Schmucksteine ein. Fixieren Sie die Steine vorübergehend mit einem Brett, das Sie mit zwei Steinen beschweren. Schieben Sie hinter jeden Schmuckstein zwei Steine als Stütze ein.

Hinweis
Wenn der Mörtel erhärtet ist, stecken Sie dann zwei mit Mörtel bestrichene Steine in den Hohlraum hinter jedem Schmuckstein und drücken Sie die Schmucksteine mit einem Stück Holz gegen die dahinter liegenden Ziegel.

Wasserwaage
Legen Sie die schmale Kante der Wasserwaage an um zu kontrollieren, ob die Abdecksteine in einer Linie liegen.

5 Mauern Sie nun die letzte Schicht. Teilen Sie die Steine so, dass die senkrechten Fugen nicht genau über den Fugen zwischen Schmuckstein und Mauer liegen (siehe Skizze auf S. 59). Experimentieren Sie mit der Anordnung der Abdeckplatten, bis Sie eine Variante gefunden haben, bei der Sie möglichst wenig Steine teilen müssen. Man zerteilt die Platten mit Hilfe von Prelleisen und Fäustel oder mit einem Trennschleifer. Legen Sie die Abdeckplatten auf ein 10 mm dickes Mörtelbett und richten Sie die Außenkanten an der Kante der Wasserwaage aus.

Kleine Gartenmauer

Eine kleine Gartenmauer zu bauen macht viel Spaß und ist eine beschauliche Tätigkeit. Man drückt einen Stein nach dem anderen vorsichtig in das Mörtelbett, richtet ihn sorgfältig aus, und in dem Maße wie die kleine Mauer wächst, rücken die alltäglichen Sorgen in den Hintergrund. Diese freistehende niedrige Mauer eignet sich als Begrenzung des Vorgartens, als Trennung zwischen Terrasse und Garten oder als Einfassung für ein Staudenbeet.

ZEIT
3 Tage
pro 3 m Länge

SICHERHEIT
Wenn Sie eine höhere Mauer bauen möchten, beachten Sie die Hinweise auf S. 29.

QUERSCHNITT DURCH DIE GARTENMAUER

Rollschicht

Ziegel
Im einfachen Läuferverband gemauert.

Beton
90 mm dick

Schotter
90 mm dick

Dachziegel
Zwei Schichten aus Dachziegeln oder Natursteinplatten verbessern den Ablauf des Regenwassers.

eine Schicht Binder
Binder werden quer zur Mauer verlegt.

Ist ein stabiler Untergrund vorhanden (Terrasse), braucht man kein Fundament anzulegen.

BENÖTIGTE MATERIALIEN UND WERKZEUGE

Material *für eine 518 mm hohe Mauer*

- Ziegelsteine: 180 Stück
- Dachziegel: 36 Stück, 265 x 175 x 10 mm
- Mörtel: 1 Teil (25 kg) Zement und 4 Teile (100 kg) Sand
- Holz: 1 Brett, 3000 x 100 x 22 mm (zum Ebnen)

Geräte und Werkzeuge

- Schaufel und Brett zum Mischen oder Betonmischer
- Schubkarre und Eimer
- Maurerkelle und Fugenkelle
- Wasserwaage
- Maurerhammer

HINWEISE ZUM MAUERBAU

Eine Mauer aus zwei Reihen Ziegelsteinen sieht harmonischer aus und ist haltbarer als eine nur einreihig aufgesetzte Mauer. Die Ziegelsteine sind hier im traditionellen Läuferverband verlegt, wobei die Binderschicht in der Mitte die beiden Reihen zusammenhält. Die Schichten aus Fliesen oder Dachziegeln sind nicht nur Gestaltungselemente, sondern schützen die Mauer gleichzeitig vor Erosion durch Regenwasser. Für eine höhere Mauer als diese muss man zusätzliche Stützen vorsehen (siehe Seite 29 zum Thema Stützpfeiler und Streben) und ein stabileres Fundament anlegen. Bei einer doppelt so hohen Mauer muss das Fundament beispielsweise dreimal so breit wie die Mauer und 120 mm dick sein. Ein Laie ohne einschlägige Erfahrung sollte niemals eine Mauer bauen, die höher als 2 m ist. Diese niedrigere Mauer wurde auf einem vorhandenen Fundament errichtet (siehe S. 21). Auf Seite 29 finden Sie Hinweise zum Bau von geschwungenen Mauern, von Ecken usw.

Kleine Gartenmauer

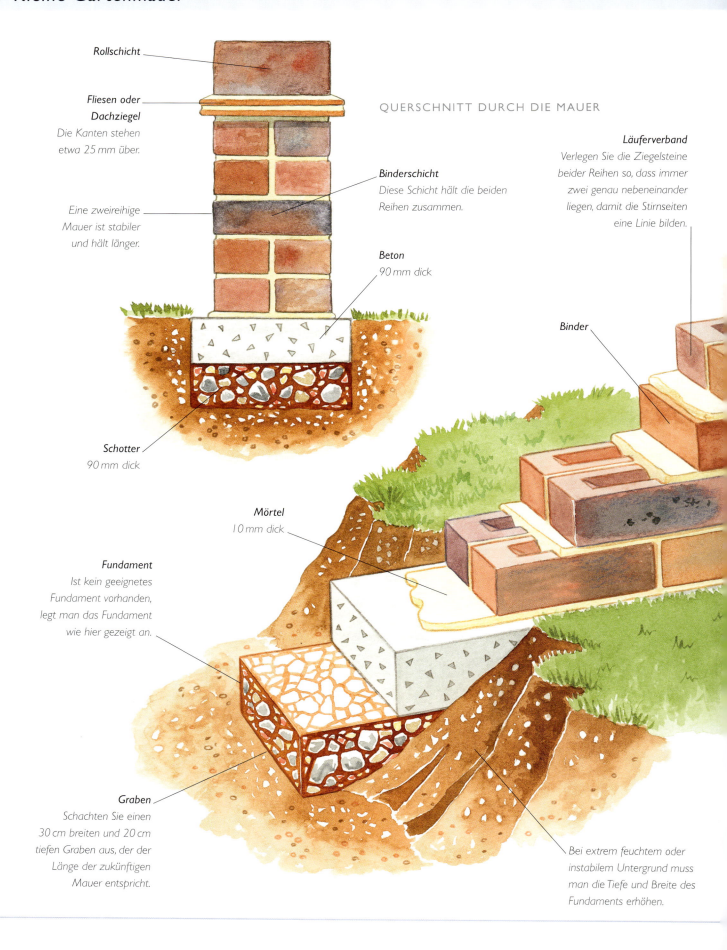

KLEINE GARTENMAUER **65**

AUFBAU DER GARTENMAUER

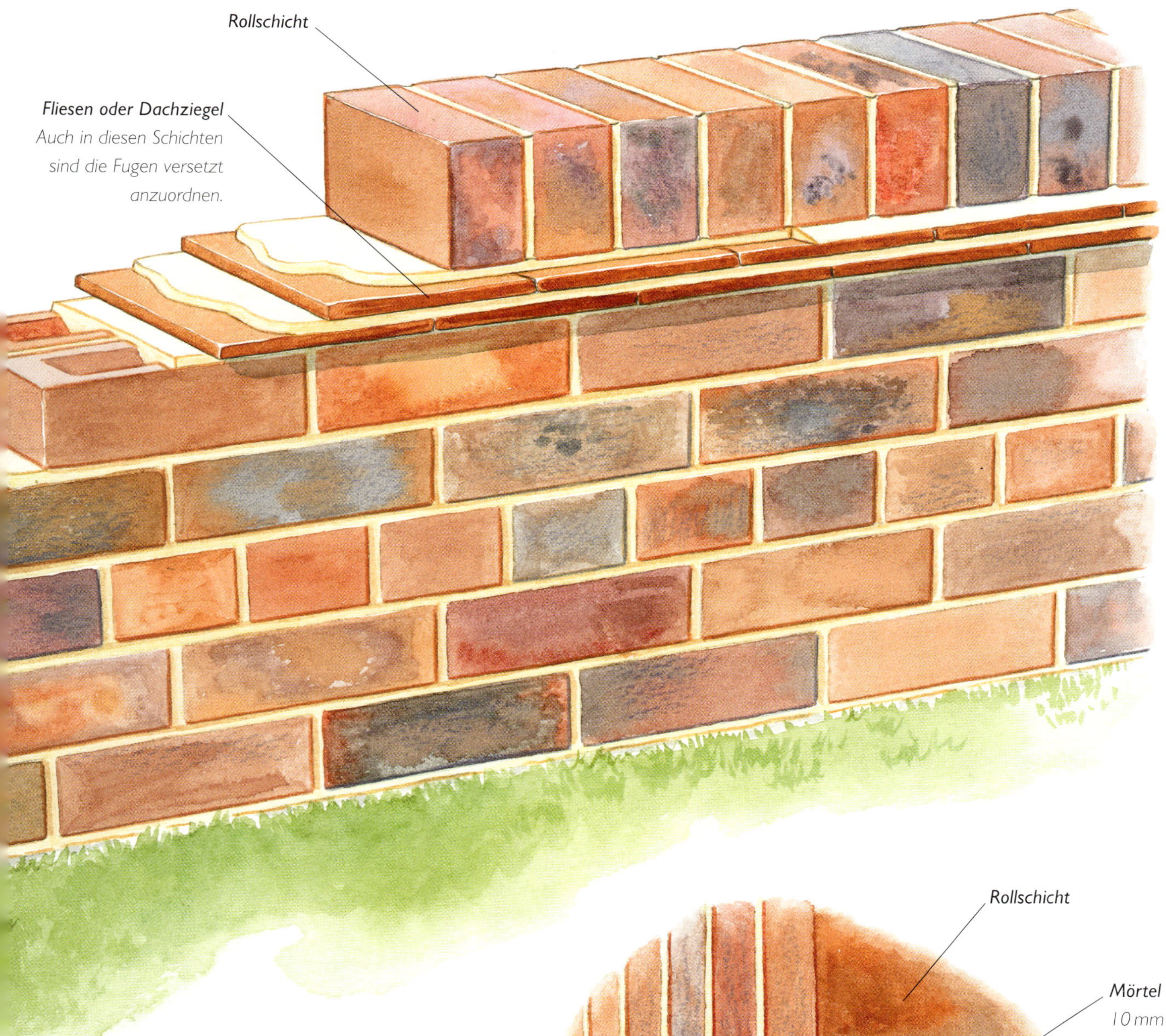

Rollschicht

Fliesen oder Dachziegel
Auch in diesen Schichten sind die Fugen versetzt anzuordnen.

Rollschicht

Mörtel
10 mm dick

DETAILLIERTE ANSICHT DER MÖRTELFUGE ÜBER DEN FLIESEN

schräge Mörtelfuge
Bilden Sie die oberste Fuge schräg aus, damit das Wasser besser ablaufen kann.

Fliesen oder Dachziegel
Leicht gekrümmte Dachziegel verlegt man so, dass die konvexen Seiten einander gegenüberliegen.

Kleine Gartenmauer

erste Schicht
Legen Sie die Ziegelsteine paarweise in ein Mörtelbett.

Verwenden Sie ein Richtscheit zusammen mit der Wasserwaage.

Diese Terrasse hat bereits ein solides Fundament. Deshalb kann man die Mauer direkt auf der Pflasterfläche errichten.

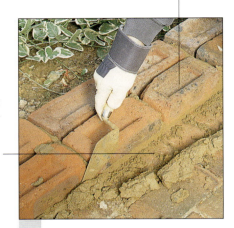

Verband
Beim Läuferverband werden die Ziegel in zwei übereinander liegenden Schichten jeweils um die Hälfte versetzt.

Warten Sie, bis der Mörtel leicht angezogen ist, dann kratzen Sie überschüssigen Mörtel ab.

1 Ist bereits ein geeignetes Fundament vorhanden (siehe S. 21), können Sie gleich mit dem Verlegen der ersten Schicht beginnen. Legen Sie die Ziegel paarweise in ein dickes Mörtelbett. Die Fugen sollten gleichmäßig und etwa 10 mm breit sein. Überprüfen Sie regelmäßig, ob die Schichten genau waagerecht verlaufen.

2 Mauern Sie nun weiter, wobei Sie die Ziegel der zweiten Schicht gegenüber der ersten jeweils um einen halben Stein versetzen. Überprüfen Sie die horizontale Ausrichtung mit Hilfe von Richtlatte und Wasserwaage. Eine straff gespannte waagerechte Schnur ist eine noch bessere Orientierungshilfe (siehe S. 12).

Mit dem Stiel des Maurerhammers klopft man die Ziegel vorsichtig in die richtige Position.

3 Die dritte Schicht besteht aus Bindern, man legt die Ziegelsteine also quer zur Mauer. Jeder zweite Stein sollte sich genau über einer Fuge der darunter liegenden Schicht befinden. Überprüfen Sie mit der Wasserwaage, dass die Mauer senkrecht steht und führen Sie notwendige Korrekturen durch, indem Sie die Steine mit dem Stiel des Maurerhammers vorsichtig in die richtige Lage klopfen. Setzen Sie die vierte und fünfte Schicht so wie die ersten beiden Schichten auf.

dritte Schicht
Legen Sie die Binder so, dass jeder zweite Ziegel mittig über den senkrechten Fugen der Schicht darunter liegt.

KLEINE GARTENMAUER 67

Lage der Fliesen
Legen Sie die Fliesen so auf die Mauer, dass sie an beiden Seiten gleichmäßig überstehen.

4 Legen Sie die Fliesen ganz dicht aneinander in ein 10 mm dickes Mörtelbett. Beginnen Sie die zweite Schicht mit einer halben Fliese (teilen Sie die Fliese mit dem Maurerhammer), so dass die Fugen versetzt sind.

Die Fugen der beiden Fliesenschichten sollten versetzt sein.

Hinweis
Form und Struktur der Fliesen oder Dachziegel sind entscheidend für das Aussehen der Mauer. Verwenden Sie keine Betonplatten, denn deren Kanten sehen nicht besonders schön aus. Auch Fliesen mit stark geschwungenen oder glatten Kanten lassen sich schwer verarbeiten.

Rollschicht
Die Ziegelsteine liegen quer zur Mauer und werden auf die Seitenflächen gestellt.

Verfugen
Die Fugen der obersten Schicht sollten bündig mit der Oberkante der Ziegel abschließen.

Mörtel
Die Mörtelfuge zwischen der Rollschicht und der Fliesenschicht ist abzuschrägen.

Schutz vor eindringendem Wasser
Die Rollschicht und die Fliesen schützen die Mauer vor Regenwasser.

5 Verteilen Sie nun Mörtel auf der obersten Fliesenschicht und legen Sie dort hinein die Steine der Rollschicht. Überprüfen Sie mit der Wasserwaage, ob die Rollschicht gerade und waagerecht verläuft.

6 Säubern Sie die Fugen gegebenenfalls von überschüssigem Mörtel und legen Sie dann die schräge Mörtelfuge über der obersten Fliesenschicht an. Verteilen Sie dazu etwas Mörtel entlang der Fuge und ziehen Sie den Mörtel mit der Fugenkelle schräg ab.

Gemauerte Truhenbank

Wenn Ihr Schuppen aus allen Nähten platzt und Sie nach einer Aufbewahrungsmöglichkeit für kleineres Gartenzubehör suchen, ist diese gemauerte Truhenbank eine attraktive Lösung. Mit Steinen unterschiedlicher Farbschattierungen lassen sich dekorative Muster gestalten.

ZEIT
3 Tage bei vorhandenem Fundament

BESONDERER TIPP
Die abnehmbare Sitzfläche ist ziemlich schwer. Man könnte sie auch an Scharnieren befestigen.

BENÖTIGTE MATERIALIEN UND WERKZEUGE

Material *für eine Truhenbank mit den Abmessungen 1430 x 660 x 513 mm:*
- Ziegelsteine: 67 hellere und 23 dunklere Steine
- Mörtel: 1 Teil (10 kg) Zement und 4 Teile (40 kg) Sand
- Holz: 2 Bretter, 1430 x 63 x 38 mm und 6 Bretter, 586 x 63 x 38 mm (Rahmen der Sitzfläche), 6 Bretter, 1434 x 100 x 20 mm (Latten für die Sitzfläche)
- Sperrholz (für den Außenbereich geeignet): 1 Platte, 1434 x 662 x 5 mm (wird unter der Sitzfläche angebracht)
- Nägel: 16 Stück, 100 mm lang (Rahmen) und 36 Stück, 50 mm lang (Latten der Sitzfläche)

Geräte und Werkzeuge
- Bandmaß und ein Stück Kreide
- Fäustel
- Schaufel und Brett zum Mischen oder Betonmischer
- Schubkarre und Eimer
- Maurerkelle und Fugenkelle
- Wasserwaage
- Maurerhammer
- Mehrzwecksäge
- Klauenhammer

DIE BANK

Haben Sie schon einmal eine Truhe aus Kunststoff gesehen und bei sich gedacht, dass so etwas für den Garten zwar sehr nützlich, aber viel zu hässlich wäre? Wenn Sie schöne Dinge in Ihrem Garten mögen, in die Sie etwas Arbeit investieren müssen, könnte Sie dieses Projekt vielleicht reizen. Wir haben die Truhenbank an den Rand einer Terrasse gebaut; darin können Werkzeuge, Blumentöpfe und andere Utensilien vor Wind und Wetter geschützt verstaut werden. Die Sitzfläche besteht aus Kiefernlatten, die mit Holzschutzmittel behandelt wurden. Damit kein Regenwasser in die Truhe gelangt, wurde unter die Latten eine Platte aus Sperrholz für den Außenbereich gelegt. Besser würden Eichenlatten aussehen, doch die sind auch teurer. Möchten Sie nur eine Sitzgelegenheit ohne Stauraum, kann der Unterbau niedriger gemauert und die Sitzfläche aus klobigen Eisenbahnschwellen hergestellt werden. Das Rautenmuster aus dunklen Ziegeln ist nicht schwer zu machen. Sie können nach Wunsch natürlich auch ein anderes Muster bilden, beispielsweise Streifen aus verschiedenfarbigen Ziegeln, farblich kontrastierende Eckziegel, Terrakottafliesen und glasierte Fliesen.

VORDERANSICHT DER TRUHENBANK

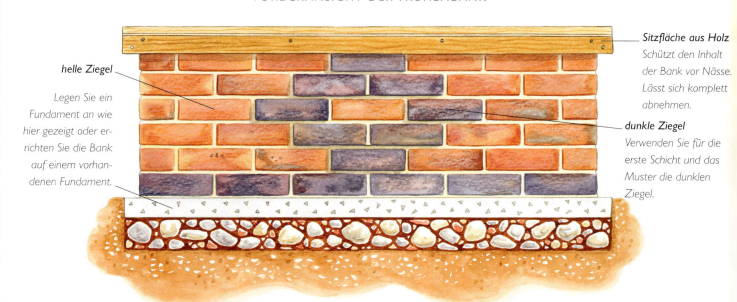

helle Ziegel
Legen Sie ein Fundament an wie hier gezeigt oder errichten Sie die Bank auf einem vorhandenen Fundament.

Sitzfläche aus Holz
Schützt den Inhalt der Bank vor Nässe. Lässt sich komplett abnehmen.

dunkle Ziegel
Verwenden Sie für die erste Schicht und das Muster die dunklen Ziegel.

Gemauerte Truhenbank

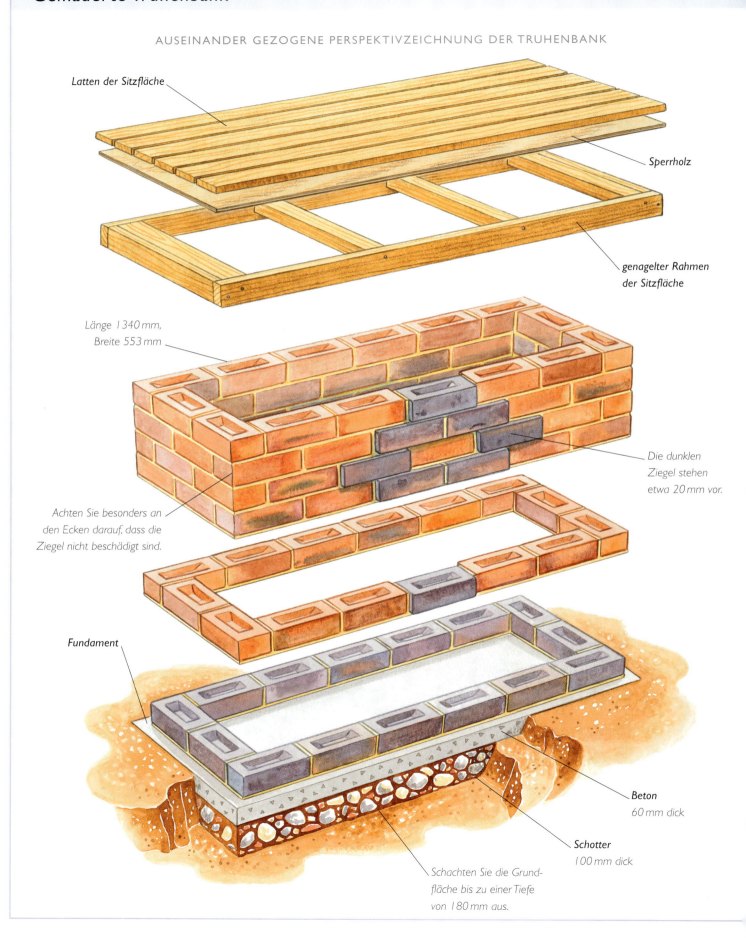

AUSEINANDER GEZOGENE PERSPEKTIVZEICHNUNG DER TRUHENBANK

Latten der Sitzfläche

Sperrholz

genagelter Rahmen der Sitzfläche

Länge 1340 mm, Breite 553 mm

Die dunklen Ziegel stehen etwa 20 mm vor.

Achten Sie besonders an den Ecken darauf, dass die Ziegel nicht beschädigt sind.

Fundament

Beton 60 mm dick

Schotter 100 mm dick

Schachten Sie die Grundfläche bis zu einer Tiefe von 180 mm aus.

GEMAUERTE TRUHENBANK 71

DRAUFSICHT: ANORDNUNG DER STEINE IN DER ERSTEN SCHICHT

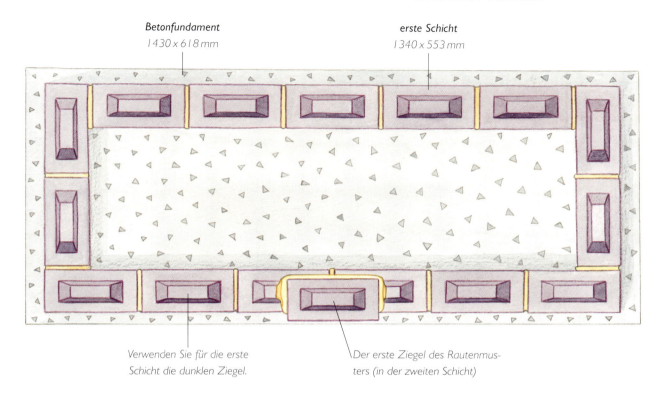

Betonfundament
1430 x 618 mm

erste Schicht
1340 x 553 mm

Verwenden Sie für die erste Schicht die dunklen Ziegel.

Der erste Ziegel des Rautenmusters (in der zweiten Schicht)

SCHNITT DURCH DIE SITZFLÄCHE

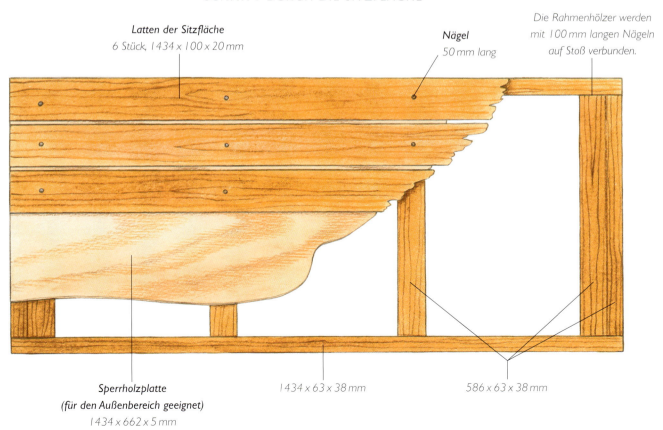

Latten der Sitzfläche
6 Stück, 1434 x 100 x 20 mm

Nägel
50 mm lang

Die Rahmenhölzer werden mit 100 mm langen Nägeln auf Stoß verbunden.

Sperrholzplatte
(für den Außenbereich geeignet)
1434 x 662 x 5 mm

1434 x 63 x 38 mm

586 x 63 x 38 mm

Gemauerte Truhenbank

Wasserwaage
Achten Sie darauf, dass die erste Schicht genau waagerecht verläuft.

erste Schicht
Legen Sie die Ziegel auf ein dickes Mörtelbett.

1 Markieren Sie mit Kreide die Grundfläche von 1340 x 553 mm auf dem Fundament. Wenn Sie auf einem vorhandenen Fundament bauen, beachten Sie die Hinweise auf S. 21. Nehmen Sie für die erste Schicht die dunklen Ziegel. Achten Sie darauf, dass die Reihe gerade verläuft, dass alle Ziegel auf gleicher Höhe liegen und dass die Fugen 10 mm breit sind.

Hinweis
Möchten Sie die Truhe größer bauen, sollten Sie die Maße möglichst so anpassen, dass Sie immer ganze Ziegel verwenden können. Soll die Truhe direkt an einer Wand stehen, müssen Sie der Stabilität wegen trotzdem alle vier Seiten wie hier gezeigt mauern.

Zweite Schicht
Die Ziegel der zweiten Schicht sind jeweils um einen halben Stein zu versetzen.

2 Mauern Sie die Wände nun mit den hellen Ziegeln weiter und verwenden Sie die übrigen dunklen Ziegel für das Rautenmuster. Die Ziegel, die das Rautenmuster bilden, stehen etwa 20 mm vor. Achten Sie darauf, die Fugen immer zu versetzen.

Hammer
Mit dem Hammerstiel richtet man die Ziegel vorsichtig aus.

GEMAUERTE TRUHENBANK 73

Mörtel
Überschüssiger Mörtel lässt sich leichter entfernen, wenn er schon etwas angetrocknet ist.

Wasserwaage
Überprüfen Sie die Ausrichtung der Mauerschichten.

3 Prüfen Sie beim Mauern regelmäßig, ob die Ziegel in gerader Linie verlegt und die senkrechten Fugen gleichmäßig breit sind. Verlegen Sie die Ziegel für das Rautenmuster mit großer Sorgfalt, denn an dieser Stelle würde jeder Fehler ganz besonders ins Auge fallen. Prüfen Sie mit der Wasserwaage die vertikale Ausrichtung der Fugen innerhalb des Musters.

Rautenmuster
Die dunklen Ziegel, die das Muster bilden, stehen 20 mm hervor.

Verfugen
Drücken Sie den Mörtel fest in die Fugen.

Latten
Schlagen Sie die Nägel durch die Sperrholzplatte in den Rahmen.

Maurerkelle
Nehmen Sie etwas Mörtel auf die Maurerkelle und drücken Sie ihn dann mit der spitzen Fugenkelle in die Fugen.

Sitzfläche
Zwischen die Latten und den Rahmen wird eine dünne Sperrholzplatte geschoben.

Nägel
Schlagen Sie an jedem Ende zwei kurze Nägel und noch ein paar weitere über die Länge der Latte verteilt ein.

4 Säubern Sie alle Fugen. Gehen Sie an der Vorderseite und um das Muster herum besonders sorgfältig vor. Füllen Sie überall dort, wo es nötig ist, Mörtel auf. Arbeiten Sie dabei wie hier gezeigt mit Maurerkelle und Fugenkelle.

5 Bauen Sie nun die Sitzfläche so zusammen, dass sie über die oberste Ziegelschicht passt. (Denken Sie daran, dass der oberste Stein des Rautenmusters 20 mm vorsteht!) Verbinden Sie die Teile des Rahmens mit den langen Nägeln. Legen Sie darauf die Sperrholzplatte und darüber in gleichmäßigen Abständen die Latten. Befestigen Sie die Latten mit den kurzen Nägeln.

Säulen

Verabschieden Sie sich von den vermoderten, schiefen Holzpfosten des Gartentors oder von hässlichen Betonblöcken und gestalten Sie Ihr Eingangstor oder die Einfahrt stattdessen im Landhausgartenstil mit Ziegelsteinen.

Die auffälligen Steinkugeln auf den Säulen machen diese zu einem besonderen Stück Gartenarchitektur, so dass von nun an kein Besucher mehr Ihr Tor verfehlen wird.

ZEIT
1 Tag für die Fundamente und 3 Tage für die Säulen

SICHERHEIT
Wenn Sie die Säulen höher bauen, muss die Grundfläche größer sein.

PERSPEKTIVISCHE SICHT DER SÄULEN

Steinkugeln — Aus Naturstein oder Beton

Fliesen — Zwei Schichten Fliesen schützen die Säulen vor Regenwasser.

Stufe

Terrasse

Säule — Seitenlänge 327,5 mm

Rollschicht — Die Ziegelsteine werden auf die Kante gestellt.

Mauer — Die Mauer ist mit der Säule verzahnt.

Weg

BENÖTIGTE MATERIALIEN UND WERKZEUGE

Material für 2 Säulen mit einer Höhe von 1146 mm im Abstand von 832 mm
- Ziegelsteine: 172 Stück
- Fliesen: 16 Stück, 220 × 155 × 10 mm
- Kugeln aus Naturstein oder Beton: 2 Stück, 280 mm hoch, Grundplatte mit einer Seitenlänge von 270 mm
- Schotter: 0,3 m³
- Zement: 1 Teil (120 kg) Zement und 4 Teile (480 kg) Kies der Körnung 0–16
- Mörtel: 1 Teil (20 kg) Zement und 4 Teile (80 kg) Sand

Geräte und Werkzeuge
- Bandmaß, Pflöcke, Schnur, Lineal und ein Stück Kreide
- Spaten und Harke
- Schubkarre und Eimer
- Schaufel und Brett zum Mischen oder Betonmischer
- Vorschlaghammer
- Maurerkelle und Fugenkelle
- Maurerhammer
- Wasserwaage
- Prelleisen

DIE EINFAHRT IN SZENE SETZEN

Die Landsitze adliger Familien haben meist breite Einfahrten mit reich verzierten Eisentoren und hohen Säulen, auf denen riesige Steinadler oder andere Skulpturen thronen. Unser Vorschlag für die Gestaltung der Einfahrt oder des Eingangs ist nicht ganz so imposant und steht trotzdem ganz in der klassischen Tradition. In diesem Projekt bilden die Säulen und die niedrige Ziegelsteinmauer eine optische Grenze zwischen der Terrasse und dem restlichen Teil des Gartens. Man könnte jedoch ebenso gut auf die Mauer verzichten und ein kleines Gartentor einhängen oder die Säulen links und rechts vor einem Treppenaufgang positionieren. Säulen passen überall dort gut ins Bild, wo im Garten ein Weg von einem abgegrenzten Bereich zu einem anderen führt oder wo zwei unterschiedliche Ebenen aneinander grenzen. Statt mit einer Mauer lassen sie sich auch mit einem hölzernen Palisadenzaun oder einer schön geschnittenen Hecke kombinieren.

Säulen

AUSEINANDER GEZOGENE PERSPEKTIVZEICHNUNG

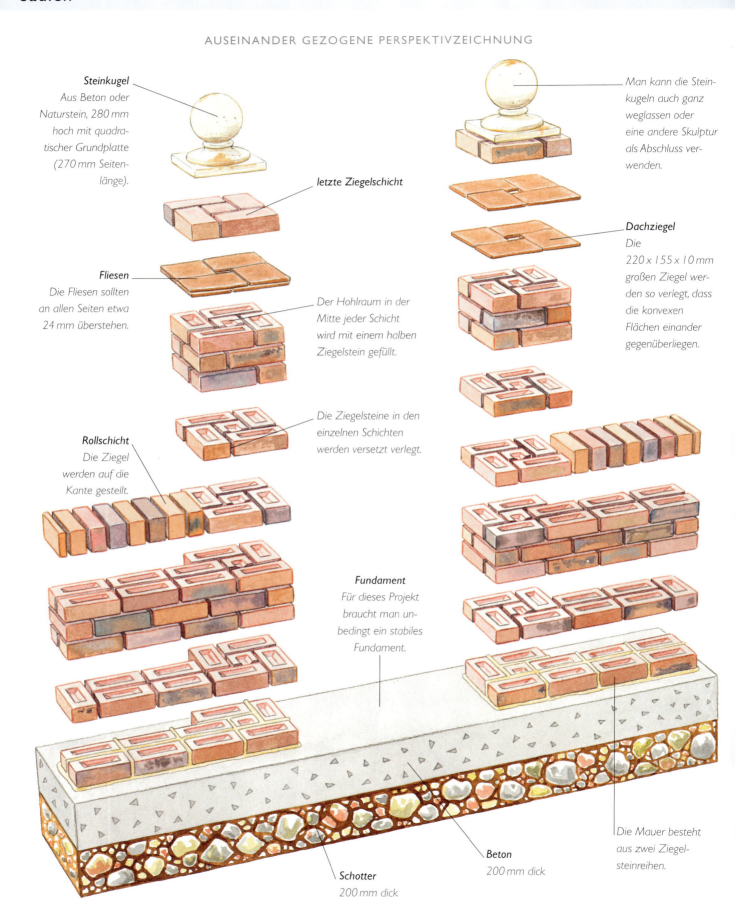

Steinkugel
Aus Beton oder Naturstein, 280 mm hoch mit quadratischer Grundplatte (270 mm Seitenlänge).

letzte Ziegelschicht

Fliesen
Die Fliesen sollten an allen Seiten etwa 24 mm überstehen.

Der Hohlraum in der Mitte jeder Schicht wird mit einem halben Ziegelstein gefüllt.

Die Ziegelsteine in den einzelnen Schichten werden versetzt verlegt.

Rollschicht
Die Ziegel werden auf die Kante gestellt.

Fundament
Für dieses Projekt braucht man unbedingt ein stabiles Fundament.

Schotter
200 mm dick

Beton
200 mm dick

Man kann die Steinkugeln auch ganz weglassen oder eine andere Skulptur als Abschluss verwenden.

Dachziegel
Die 220 x 155 x 10 mm großen Ziegel werden so verlegt, dass die konvexen Flächen einander gegenüberliegen.

Die Mauer besteht aus zwei Ziegelsteinreihen.

SÄULEN 77

VORDERANSICHT DES GARTENEINGANGS

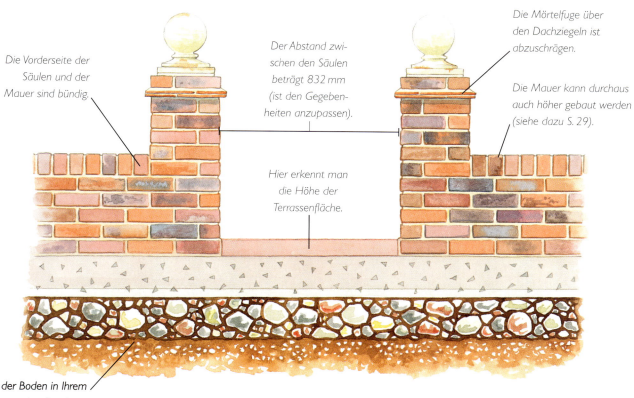

Die Vorderseite der Säulen und der Mauer sind bündig.

Der Abstand zwischen den Säulen beträgt 832 mm (ist den Gegebenheiten anzupassen).

Die Mörtelfuge über den Dachziegeln ist abzuschrägen.

Die Mauer kann durchaus auch höher gebaut werden (siehe dazu S. 29).

Hier erkennt man die Höhe der Terrassenfläche.

Ist der Boden in Ihrem Garten besonders fest, kann die Stärke des Fundaments verringert werden.

RÜCKSEITIGE ANSICHT DES EINGANGS

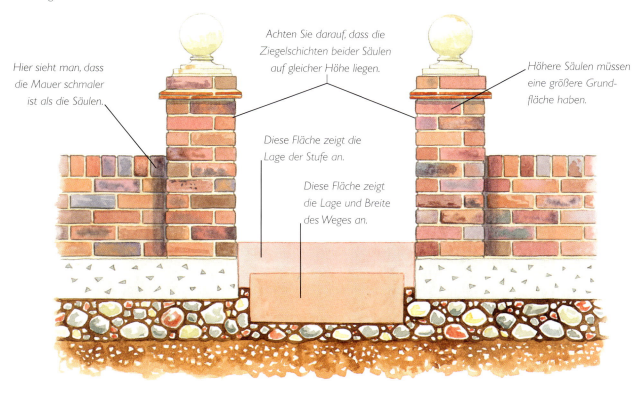

Hier sieht man, dass die Mauer schmaler ist als die Säulen.

Achten Sie darauf, dass die Ziegelschichten beider Säulen auf gleicher Höhe liegen.

Höhere Säulen müssen eine größere Grundfläche haben.

Diese Fläche zeigt die Lage der Stufe an.

Diese Fläche zeigt die Lage und Breite des Weges an.

Säulen

Schauen Sie sich auf der auseinander gezogenen Perspektivzeichnung genau an, wie die Mauer und die Säule miteinander verzahnt sind.

Wasserwaage
Überprüfen Sie die korrekte Lage jedes Steins, bevor Sie den nächsten aufsetzen.

1 Planen Sie die Lage und die Abmessungen der Säulen und der angrenzenden Mauern. Falls zwischen den Mauern eine Stufe angelegt werden soll, schlagen Sie diesbezüglich noch einmal auf Seite 30 nach. Das Fundament sollte aus einer mindestens 200 mm dicken Betonschicht über einer ebenfalls 200 mm starken verdichteten Schotterschicht bestehen.

Hinweis

Weist das Fundament Mängel auf (zu schmal, zu schwach oder nicht ordentlich ausgeführt), kann die Säule reißen oder sich neigen. Bauen Sie im Zweifelsfall lieber ein stärkeres Fundament als vermutlich nötig.

Verfugen
Die Fuge sollte nicht bündig abschließen, sondern etwas zurückgesetzt sein.

Rollschicht
Legen Sie die Steine auf die Kante.

Nehmen Sie den überschüssigen Mörtel erst dann ab, wenn er schon etwas getrocknet ist.

Verfugen der Rollschicht
Hier soll der Fugenmörtel bündig abschließen.

Verfugen der Mauer
Verfüllen Sie die Fugen und kratzen Sie dann wieder etwas Mörtel heraus, so dass die Mauer schon etwas verwittert wirkt.

2 Säubern Sie die Fugen zwischen den Steinen mit der Spitze der Fugenkelle. Der nasse Mörtel sollte möglichst nicht auf die sichtbaren Seiten der Steine gelangen, denn er hinterlässt einen unschönen Grauschleier. Kratzen Sie nicht zu viel Mörtel aus den Fugen.

3 Stellen Sie zunächst die Mauer fertig und erhöhen Sie dann die Säulen um weitere zwei Schichten. Beginnen Sie dann an den Säulen mit dem Aufsetzen der Mauerkrone, also der Rollschicht. Klopfen Sie die Steine mit dem Stiel des Maurerhammers vorsichtig in das Mörtelbett und überprüfen Sie die Lage mit der Wasserwaage. Säubern Sie die Fugen.

SÄULEN 79

Fliesen
Für diesen Zweck eignen sich alte Dachziegel ausgezeichnet.

Anordnung
Achten Sie darauf, dass die Fugen zwischen den Dachziegeln versetzt sind.

Überstand
Die Dachziegel sollten an allen Seiten gleichmäßig überstehen.

4 Mauern Sie nun die Säulen weiter und überprüfen Sie regelmäßig, ob die Schichten beider Säulen auf gleicher Höhe liegen und ob alle Seiten der Säulen genau senkrecht stehen. Legen Sie dann zwei Schichten Fliesen oder Dachziegel in ein Mörtelbett. Die Anordnung der Dachziegel können Sie auf dem Foto erkennen. Ordnen Sie diese ebenfalls so an, dass die Fugen versetzt sind.

Steinkugel
Feuchten Sie die Unterseite der Grundplatte an, bevor Sie die Skulptur in das Mörtelbett drücken.

5 Über den Fliesen folgt nun noch eine Schicht Ziegelsteine, dann wird die Steinkugel aufgesetzt. Setzen Sie die Kugel oder gegebenenfalls eine andere Skulptur erst ohne Mörtel auf und markieren Sie die Grundfläche mit Kreide. Dann verteilen Sie Mörtel innerhalb der markierten Fläche und drücken die Skulptur in das Mörtelbett. Überprüfen Sie zum Schluss noch einmal, ob alle Fugen verfüllt sind und säubern Sie die Fugen von überschüssigem Mörtel.

Erdbeerfass

Wie oft schon sind Sie in den Garten gekommen und haben festgestellt, dass die Schnecken mal wieder schneller waren als Sie und die meisten Erdbeeren bereits verspeist haben. In diesem rustikalen Hochbeet sind die Erdbeeren vor dem Angriff der lästigen Kriechtiere geschützt, und zum Ernten brauchen Sie sich nicht einmal mehr zu bücken.

ZEIT
1 Tag für das Fundament und 4 Tage für das Fass

BESONDERER TIPP
Bauen Sie sich für dieses Projekt einen Stangenzirkel um eine gleichmäßige Kreisform zu erhalten.

BENÖTIGTE MATERIALIEN UND WERKZEUGE

Material *für ein Erdbeerfass mit einer Höhe von 1153 mm und einem Durchmesser von 752 mm*
- Ziegelsteine: 117 Stück
- Schieferplatten: 12 Stück, 225 × 166 × 6 mm
- Kiesel: 400, Durchmesser 15–20 mm
- Schotter: 0,1 m³
- Beton: 1 Teil (30 kg) Zement und 4 Teile (120 kg) Kies der Körnung 0–16
- Mörtel: 1 Teil (25 kg) Zement und 4 Teile (100 kg) Sand
- Holz: 1 Brett, 412 × 65 × 25 mm (für den Zirkel)
- Metallrohr: 1666 mm lang, Ø 27 mm (für den Zirkel)
- Drainagerohr: 1 m lang, Ø 100 mm (zur Verbesserung des Wasserablaufs)

Geräte und Werkzeuge
- Bandmaß, Pflöcke und Schnur
- Spaten
- Schubkarre und Eimer
- Schaufel und Brett zum Mischen oder Betonmischer
- Vorschlaghammer
- Maurerhammer und Fäustel
- Wasserwaage
- Bohrmaschine und passender Bohrer
- Gripzange
- Prelleisen
- Maurerkelle und Fugenkelle
- Gummihammer
- Fliesenschneider

EINE LEIDENSCHAFT FÜR ERDBEEREN

Dieses Hochbeet in Form eines Fasses wurde speziell für den Anbau von Erdbeeren entworfen. Es steht am günstigsten an einem sonnigen Fleck am Rand des Gartens oder genau im Zentrum eines geometrisch angelegten Gemüsegartens oder wild-romantischen Landhausgartens. Die Zahl der Pflanztaschen lässt sich noch erhöhen, und man kann das Hochbeet ebenso gut mit Blumen bepflanzen. Setzen Sie auf die Schattenseite Gewächse, die sich mit weniger Sonne begnügen.

Das ganze Fass ist aus Halbsteinen gebaut, suchen Sie sich also Steine aus, die sich leicht teilen lassen. Das kleine Fass sieht zwar kompliziert aus, ist jedoch gar nicht so schwierig zu bauen, da der Stangenzirkel (siehe Seite 27) Ihnen die meiste Arbeit abnimmt. Geben Sie sich Mühe beim Verfugen und vergessen Sie auch die Kieselsteine nicht, damit Sie am Ende stolz auf Ihr Bauwerk sein können.

Stangenzirkel
Damit erhält man eine perfekte Kreisform.

VORDERANSICHT: ZEIGT DAS FUNDAMENT UND DEN STANGENZIRKEL

halbe Ziegelsteine

Pflanztasche
Ein Ziegelstein wird weggelassen. Über die Öffnung legt man eine Schieferplatte.

Beton
100 mm dick

Metallrohr
Steht genau senkrecht im Betonfundament und ist der Drehpunkt des Zirkels.

Schotter
150 mm dick

82 PROJEKTE

Erdbeerfass

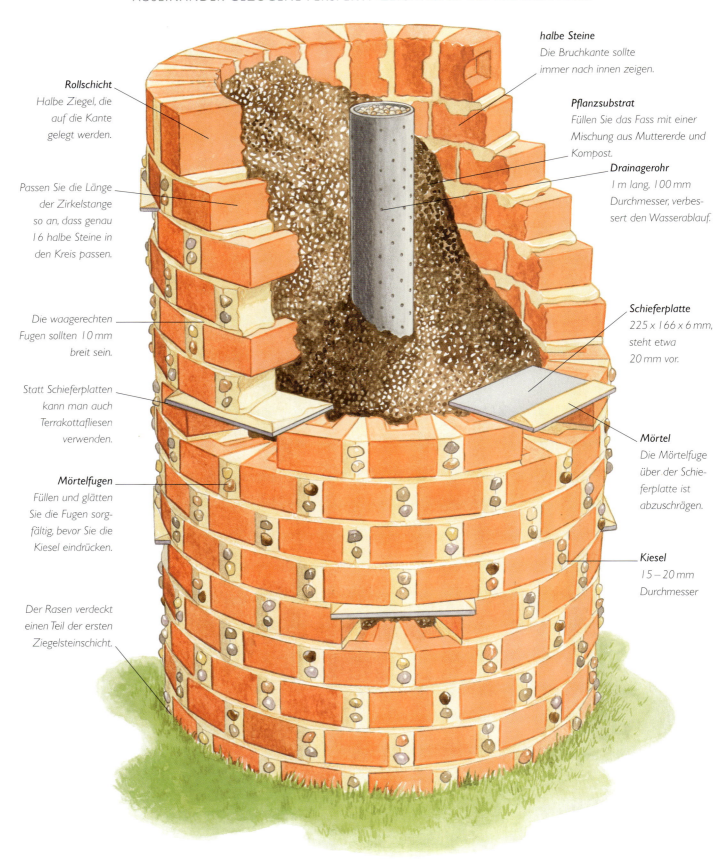

AUSEINANDER GEZOGENE PERSPEKTIVZEICHNUNG DES ERDBEERFASSES

halbe Steine
Die Bruchkante sollte immer nach innen zeigen.

Pflanzsubstrat
Füllen Sie das Fass mit einer Mischung aus Muttererde und Kompost.

Drainagerohr
1 m lang, 100 mm Durchmesser, verbessert den Wasserablauf.

Schieferplatte
225 x 166 x 6 mm, steht etwa 20 mm vor.

Mörtel
Die Mörtelfuge über der Schieferplatte ist abzuschrägen.

Kiesel
15 – 20 mm Durchmesser

Rollschicht
Halbe Ziegel, die auf die Kante gelegt werden.

Passen Sie die Länge der Zirkelstange so an, dass genau 16 halbe Steine in den Kreis passen.

Die waagerechten Fugen sollten 10 mm breit sein.

Statt Schieferplatten kann man auch Terrakottafliesen verwenden.

Mörtelfugen
Füllen und glätten Sie die Fugen sorgfältig, bevor Sie die Kiesel eindrücken.

Der Rasen verdeckt einen Teil der ersten Ziegelsteinschicht.

ERDBEERFASS

DRAUFSICHT: ZEIGT STANGENZIRKEL UND ANORDNUNG DER HALBSTEINE

Betonfundament
Seitenlänge 845 mm, 100 mm dick, auf einer 150 mm starken Schotterschicht.

Metallrohr
Muss genau senkrecht im Beton stehen. Überprüfen Sie die vertikale Ausrichtung mit der Wasserwaage.

Zirkelarm
Mit dem Zirkelarm aus einem 412 x 65 x 25 mm großen Brett richtet man die Steine im Kreis aus.

Mörtel
Die breiten Fugen zwischen den Steinen müssen sorgfältig mit Mörtel ausgefüllt werden.

DRAUFSICHT: ZEIGT DIE LAGE DER SCHIEFERPLATTEN ÜBER DEN PFLANZTASCHEN

Legen Sie die Platten so über die Pflanztaschen, dass sie etwa 20 mm über den äußeren Rand stehen.

Nach jeder Schicht schiebt man den Zirkel etwa 75 mm weiter nach oben (Stärke eines Steins plus 10 mm Mörtelfuge). Der Zirkel liegt am Drehpunkt auf einer Gripzange auf.

Die Platte sollte mittig über die Aussparung gelegt werden.

Erdbeerfass

Gripzange
Mit der Gripzange stellen Sie den Zirkel auf die gewünschte Höhe.

Stangenzirkel
Sorgt dafür, dass das Fass wirklich rund wird.

Lage der Steine
Die Außenkante der Steine muss mit der Außenkante des Zirkelbrettes abschließen.

Drainage
Dort, wo die Holzlatte liegt, bleibt zur Gewährleistung des Wasserablaufs eine offene Fuge.

Klopfen Sie leicht auf das Brett, bis der Stein auf gleicher Höhe wie die benachbarten Steine liegt.

1 Gießen Sie ein ebenes Fundament. Bevor der Beton erhärtet, schlagen Sie im Mittelpunkt des Fundaments ein Metallrohr ein. Überprüfen Sie mit der Wasserwaage, ob das Rohr genau senkrecht steht. Ist der Beton fest, bauen Sie sich einen Stangenzirkel (siehe Seite 27), dessen Stange sich um das Metallrohr dreht. Mit einer Gripzange lässt sich der Zirkel in jeder gewünschten Höhe fixieren. Legen Sie die erste Schicht Ziegelsteine aus und passen Sie den Radius so an, dass genau 16 Halbsteine einen Kreis bilden.

2 Nun mischt man den Mörtel und legt die erste Schicht Steine in ein 10 mm dickes Mörtelbett. Dabei dient der Zirkel als Orientierungshilfe. Stecken Sie zwischen zwei der Steine eine schmale Holzleiste, die Sie später wieder herausziehen. Diese Aussparung sichert eine gute Drainage. Mit einem Gummihammer klopft man leicht auf das Ende des Zirkelarms, bis die Steine richtig liegen. Überprüfen Sie mit der Wasserwaage die waagerechte Ausrichtung aller Steine.

Mörtel
Drücken Sie etwas Mörtel in die breiten Fugen zwischen den Steinen.

3 Mauern Sie das Fass weiter auf. Nach Fertigstellung jeder Schicht füllen Sie die breiten Fugen mit Mörtel, den Sie schräg abziehen. Vergessen Sie nicht, die Kieselsteine in die bereits verfüllten Fugen zu drücken, solange der Mörtel noch feucht ist.

Drücken Sie die Kiesel in den noch feuchten Mörtel.

ERDBEERFASS **85**

Gripzange
Schieben Sie die Gripzange so weit nach oben, dass das Brett genau waagerecht auf der Schieferplatte liegt.

Schieferplatte
Die Schieferplatte sollte etwa 20 mm über den Rand des Fasses hinausragen.

4 Mauern Sie die ersten vier Schichten. In der fünften Schicht lassen Sie vier Steine weg. Dort entstehen die ersten Pflanztaschen. Schneiden Sie sich Schieferplatten zurecht und legen Sie diese über die Aussparungen, so dass sie etwa 20 mm hervorstehen. Bedecken Sie den herausragenden Rand der Schieferplatten mit Mörtel und ziehen die Fuge schräg ab.

Hinweis

Weist das Fundament Mängel auf (zu schmal, zu schwach oder nicht ordentlich ausgeführt), kann die Säule reißen oder sich neigen. Bauen Sie im Zweifelsfall lieber ein stärkeres Fundament als vermutlich nötig.

Rollschicht
In der abschließenden Schicht werden die Ziegel auf die Kante gestellt.

5 Nach jeder Schicht mit Pflanztaschen mauert man drei komplette Schichten, bevor man die nächsten Pflanztaschen anlegt. Insgesamt enthält dieses Fass 12 Pflanztaschen. Nach der letzten Pflanztaschen-Schicht mauert man noch eine normale Schicht und schließt das Fass dann mit einer Rollschicht ab. Füllen Sie alle Fugen mit Mörtel, streichen Sie diesen mit der Fugenkelle glatt und drücken Sie die Kieselsteine hinein (nicht in die Rollschicht). Nach ein paar Tagen können Sie das Metallrohr entfernen. Biegen Sie es so lange nach allen Seiten, bis es unten abbricht. Nun füllen Sie zuerst eine Schicht Tonscherben als Drainageschicht ein. Dann stellen Sie in die Mitte das Drainagerohr und füllen das Fass mit Pflanzerde auf. Setzen Sie zum Schluss die Erdbeerpflanzen ein.

Eingangsstufen mit Viertelkreisabschluss

Die Stufen vor der Eingangstür sind nicht nur dazu da, zwei Ebenen miteinander zu verbinden, sondern haben auch eine optische Funktion, nämlich Besucher willkommen zu heißen. Die geschwungene Form dieser breiten Stufen lässt genügend Platz für schöne Pflanzgefäße, die je nach Jahreszeit mit unterschiedlichen Blumen, Grünpflanzen und Dekorationsgegenständen bestückt werden können.

ZEIT
4 Tage (5 Tage, wenn ein Fundament anzulegen ist)

SICHERHEIT
Achten Sie darauf, dass die Oberfläche der Stufen eben ist und keine Stolperfallen aufweist. Auf Seite 30 finden Sie Hinweise zur empfohlenen Höhe und Breite von Stufen.

BENÖTIGTE MATERIALIEN UND WERKZEUGE

Material *für zwei Stufen mit Viertelkreisabschluss 2165 x 1004 x 298 mm*
- Ziegelsteine: 168 Stück
- Schotter: 0,25 m³
- Beton: 1 Teil (100 kg) Zement und 4 Teile (400 kg) Kies der Körnung 0–16
- Mörtel: 1 Teil (20 kg) Zement und 4 Teile (80 kg) Sand
- Holz: 1 Brett, 3 m lang, 3,5 cm breit und 2 cm dick (als Lineal und Zirkelarm), 1 Kantholz, 300 x 75 x 75 mm und ein Kantholz, 450 x 100 x 50 mm, zum Verdichten des Betons
- Nägel: 2 Stück, 145 mm lang (Drehpunkt des Zirkels und äußere Begrenzung)

Geräte und Werkzeuge
- Bandmaß und Kreide
- Spaten
- Schubkarre und Eimer
- Schaufel und Brett zum Mischen oder Betonmischer
- Vorschlaghammer
- Klauenhammer
- Wasserwaage
- Maurerkelle und Fugenkelle
- Maurerhammer
- Prelleisen

ERSTER EINDRUCK

Der erste Eindruck ist der wichtigste, sagt man. Das gilt auch für den Eingangsbereich Ihres Hauses. Diese breiten Stufen mit der interessant gestalteten Oberfläche machen mit Sicherheit einen guten Eindruck und sind dazu sehr bequem zu begehen.

Bei der Planung von Stufen sollte man besonderes Augenmerk auf die Höhe der Setzstufen legen. Stufen sollten niemals höher als 230 mm, jedoch auch nicht niedriger als 60 mm sein. Ein günstiges Maß ist etwa 150 mm. Lesen Sie noch einmal die Hinweise auf Seite 30 zur Planung von Stufen, falls Sie den hier vorgestellten Entwurf abändern möchten. Ist die Fläche um die Stufen herum bereits gepflastert, müssen Sie sich außerdem überlegen, wie Sie diese nach dem Bau der Stufen wiederherstellen.

Beachten Sie beim Einmessen und Abstecken des Fundaments, dass dieses leicht vom Haus weg abfallen muss (etwa 25 mm auf 2 m). Entfernen Sie vorhandene Pflasterbeläge und schachten Sie die Fundamentfläche 200 mm tief aus. Füllen Sie Schotter ein und verdichten Sie die Schotterschicht bis auf eine Stärke von 100 mm. Darauf folgt eine 100 mm dicke Betonschicht.

QUERSCHNITT DURCH DIE STUFEN

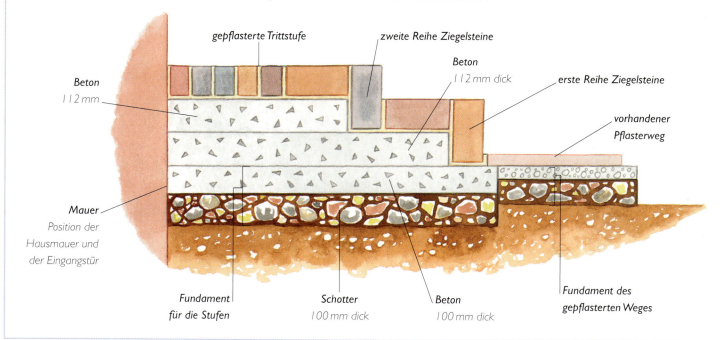

- **Beton** 112 mm
- **Mauer** *Position der Hausmauer und der Eingangstür*
- gepflasterte Trittstufe
- zweite Reihe Ziegelsteine
- **Beton** 112 mm dick
- erste Reihe Ziegelsteine
- vorhandener Pflasterweg
- **Fundament** für die Stufen
- **Schotter** 100 mm dick
- **Beton** 100 mm dick
- **Fundament des** gepflasterten Weges

Eingangsstufen mit Viertelkreisabschluss

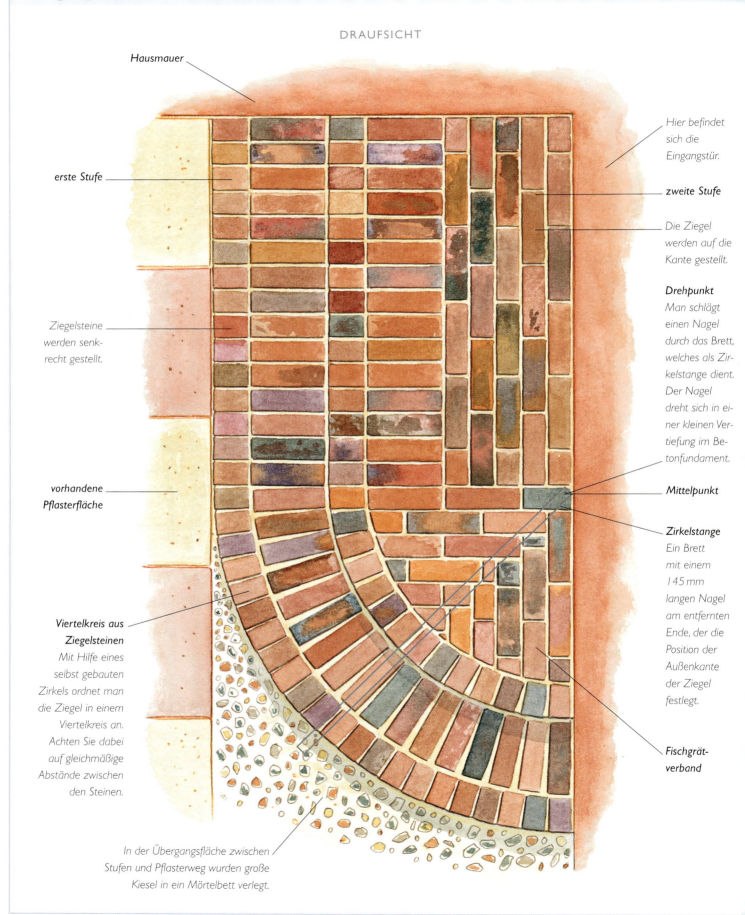

DRAUFSICHT

- Hausmauer
- erste Stufe
- Ziegelsteine werden senkrecht gestellt.
- vorhandene Pflasterfläche
- **Viertelkreis aus Ziegelsteinen**
  Mit Hilfe eines selbst gebauten Zirkels ordnet man die Ziegel in einem Viertelkreis an. Achten Sie dabei auf gleichmäßige Abstände zwischen den Steinen.
- In der Übergangsfläche zwischen Stufen und Pflasterweg wurden große Kiesel in ein Mörtelbett verlegt.
- Hier befindet sich die Eingangstür.
- zweite Stufe
- Die Ziegel werden auf die Kante gestellt.
- **Drehpunkt**
  Man schlägt einen Nagel durch das Brett, welches als Zirkelstange dient. Der Nagel dreht sich in einer kleinen Vertiefung im Betonfundament.
- Mittelpunkt
- **Zirkelstange**
  Ein Brett mit einem 145 mm langen Nagel am entfernten Ende, der die Position der Außenkante der Ziegel festlegt.
- Fischgrätverband

EINGANGSSTUFEN MIT VIERTELKREISABSCHLUSS 89

AUSEINANDER GEZOGENE PERSPEKTIVZEICHNUNG DER STUFEN

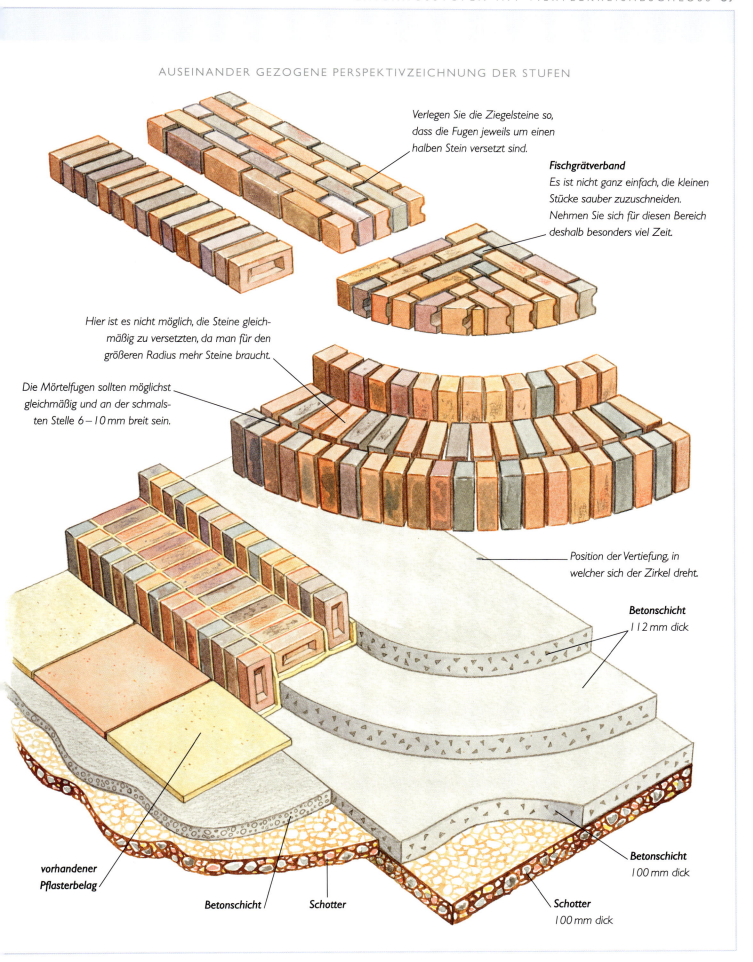

Verlegen Sie die Ziegelsteine so, dass die Fugen jeweils um einen halben Stein versetzt sind.

Fischgrätverband
Es ist nicht ganz einfach, die kleinen Stücke sauber zuzuschneiden. Nehmen Sie sich für diesen Bereich deshalb besonders viel Zeit.

Hier ist es nicht möglich, die Steine gleichmäßig zu versetzten, da man für den größeren Radius mehr Steine braucht.

Die Mörtelfugen sollten möglichst gleichmäßig und an der schmalsten Stelle 6–10 mm breit sein.

Position der Vertiefung, in welcher sich der Zirkel dreht.

Betonschicht
112 mm dick

Betonschicht
100 mm dick

vorhandener Pflasterbelag

Betonschicht

Schotter

Schotter
100 mm dick

Eingangsstufen mit Viertelkreisabschluss

Setzstufe
Stellen Sie diese Steine senkrecht.

Beton
Es muss noch Platz für einen auf die Kante gestellten Stein plus 10 mm Mörtel sein.

Zirkel
Der Nagel am Ende markiert die Außenkante der Stufe.

Verdichten
Mit einem Stück Restholz verdichtet man den Beton und zieht ihn glatt ab.

Untere Trittstufe
Die Fläche innerhalb der unteren Setzstufe (Trittstufe) wird mit Beton ausgegossen.

1 Die untere Setzstufe besteht aus senkrecht gestellten Steinen. Die Steine werden mit Hilfe des Zirkels und der Wasserwaage ausgerichtet. Bestreichen Sie eine Breitseite jedes Steins mit Mörtel und stellen Sie die Steine nacheinander in ein 10 mm dickes Mörtelbett. Die Mörtelfugen zwischen den Steinen auf der geraden Linie sollten eine Breite von 10 mm haben, die Fugen zwischen den Steinen des Viertelkreises sollten mindestens 10 mm breit sein.

2 Füllen Sie die Fläche innerhalb der Setzstufe so weit mit Beton auf, dass noch Platz für einen auf die Kante gestellten Ziegelstein und ein Mörtelbett von 10 mm ist. Nehmen Sie zum Verteilen des Betons und zum Verdichten das kürzere Kantholz. Überprüfen Sie zum Schluss, ob die Betonfläche eben ist. Im Zweifelsfall ist es besser, etwas zu wenig Beton einzufüllen, denn ein paar Millimeter kann man später immer noch durch ein dickeres Mörtelbett ausgleichen. Lassen Sie den Beton aushärten.

Ausrichtung
Alle Steine müssen auf den Kreismittelpunkt ausgerichtet sein.

Überprüfen Sie die Ausrichtung jedes Ziegelsteins.

zweite Setzstufe
Die Randsteine müssen senkrecht gestellt werden.

3 Verteilen Sie etwas Mörtel über dem Beton und verlegen Sie dann die erste Reihe Steine innerhalb der Randbegrenzung. Richten Sie die Steine mit Zirkel und Wasserwaage aus. Die Fugen sollten etwa gleich breit sein. Achten Sie außerdem darauf, dass alle Ziegelsteine des Viertelkreises auf den Mittelpunkt ausgerichtet sind (siehe Zeichnung auf S. 88).

4 Nun baut man die zweite Setzstufe auf dasselbe Betonfundament. Stellen Sie die Ziegel dazu senkrecht. Die Oberkante der Steine sollte bündig mit der Unterkante der Türschwelle abschließen. Lassen Sie den Mörtel zwischen den Steinen aushärten, bevor Sie mit dem nächsten Schritt fortfahren.

EINGANGSSTUFEN MIT VIERTELKREISABSCHLUSS 91

Beton
So weit einfüllen, dass noch Platz für einen Ziegelstein plus 10 mm Mörtelfuge bleibt.

Verdichten
Verdichten Sie den Beton und ziehen Sie die Fläche eben ab.

5 Füllen Sie die Fläche innerhalb der zweiten Setzstufe nun ebenfalls mit Beton. Nehmen Sie zum Verdichten und Glätten das längere Kantholz. Es sollte noch genügend Platz bleiben um die Ziegel der Trittstufe in einem 10 mm dicken Mörtelbett zu verlegen (Ziegel stehen auf der Kante).

Überprüfen Sie immer wieder, ob die Steine auf gleicher Höhe liegen.

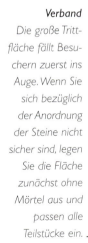

Verband
Die große Trittfläche fällt Besuchern zuerst ins Auge. Wenn Sie sich bezüglich der Anordnung der Steine nicht sicher sind, legen Sie die Fläche zunächst ohne Mörtel aus und passen alle Teilstücke ein.

6 Ist der Beton hart, verlegen Sie die Ziegel für die oberste Trittstufe wie auf der Zeichnung gezeigt. Arbeiten Sie von außen nach innen. Dort, wo kleinere Stücke benötigt werden, teilen Sie die Steine mit Prelleisen und Maurerhammer. Die Fugen füllt man mit einer relativ trockenen Mörtelmischung und säubert sie dann mit der Fugenkelle.

Hinweis

Richten Sie die Oberfläche der Ziegel so aus, dass die Stufen ein ganz leichtes Gefälle vom Haus weg aufweisen.

Anregungen: Eingangsstufen

Kaum ein Stein ist so vielseitig wie der Ziegel, wenn es um den Bau von Stufen geht. Ziegelsteine kann man flach verlegen, auf die Längskante oder sogar auf die schmale Kante stellen um verschiedene Effekte zu erzielen oder unterschiedliche Ebenen zu schaffen. Ziegelsteine lassen sich einfach zerteilen und in vielen verschiedenen Verbänden verlegen. Man kann sie mit Natursteinplatten und auch mit Dachziegeln kombinieren. Außerdem sind Ziegelsteine sehr handlich und lassen sich leicht verarbeiten.

GANZ RECHTS Diese solide gemauerte Treppe verbindet einen Gartenweg mit einem schön gepflasterten Hof. Das Design scheint einfach und doch wurde viel Zeit in die Planung investiert, da die Stufen nicht ganz gerade verlaufen, sondern leicht geschwungen sind.

OBEN Zwei dekorative flache Stufen in einem ländlichen Anwesen. Beachten Sie, wie die Form und die Anordnung der Stufen das Auge über den Platz zur nächsten Stufenflucht und zu dem dahinter liegenden Rasen führt.

RECHTS Diese Stufe war zuerst nur halb so breit. Als der Hauseigentümer den Wunsch nach einer breiteren Stufe äußerte, fügte der Maurer einfach ein breites Band aus Dachziegeln und eine weitere Reihe Ziegelsteine hinzu und erzielte damit einen interessanten Effekt.

EINGANGSSTUFEN 93

Mauernische

Eine Nische in einer Mauer wirft immer Fragen auf. Wofür war sie ursprünglich gedacht? Befand sich dort eine kleine Kapelle? Oder handelt es sich um ein zugemauertes Fenster? Wann wurde sie gebaut? Wenn Sie also die Neugierde Ihrer Besucher ein klein wenig anregen möchten, sollten Sie sich vielleicht an dem hier vorgestellten Projekt versuchen. Es ist nicht ganz einfach – doch Sie werden sicher viel Spaß an dieser Herausforderung haben.

ZEIT
6 Tage (Mauern Sie nicht mehr als drei Schichten an einem Tag!)

SICHERHEIT
Auf Seite 29 finden Sie wichtige Hinweise, die beim Bau von Mauern zu beachten sind.

BENÖTIGTE MATERIALIEN UND WERKZEUGE

Material *für eine Mauer mit Nische, 1610 mm hoch und 1453 mm breit*
- Ziegelsteine: 276 Stück
- Steinplatte: 1 Stück, 554 × 250 × 40 mm
- Schotter: 0,1 m³
- Sand: 1 Schaufel
- Beton: 1 Teil (30 kg) Zement und 4 Teile (120 kg) Kies der Körnung 0–16
- Mörtel: 1 Teil (30 kg) Zement und 4 Teile (120 kg) Sand
- Holz: 10 kurze Latten, 85 × 30 × 22 mm (für die Schalung); 1 Brett 700 × 35 × 22 mm (für den Stangenzirkel)
- Sperrholz: 2 Platten, 563 × 122 × 6 mm
- Nägel: 20 Stück, 40 mm lang

Geräte und Werkzeuge
- Bandmaß, Pflöcke, Schnur, Kreide und Lineal
- Spaten
- Schubkarre und Eimer
- Schaufel und Brett zum Mischen oder Betonmischer
- Vorschlaghammer
- Maurerkelle und Fugenkelle
- Maurerhammer und Fäustel
- Prelleisen
- Gummihammer
- Wasserwaage
- Mehrzwecksäge
- Stichsäge
- Klauenhammer

EINE NISCHE BESETZEN

Eine Nische in einer Mauer ist an sich schon sehr dekorativ und lässt sich dazu als Rahmen für kleine Skulpturen oder ähnliche Dekorationsstücke nutzen. Wir haben eine Statue hineingestellt, doch man könnte dort ebenso gut auch ein Mosaikbild, ein altes Wagenrad oder eine andere interessante Antiquität in Szene setzen. Eine Mauernische wäre auch ein idealer Platz für einen Wasserspeier. Baut man sie tiefer und größer, kann darin eine Sitzbank integriert werden.

Dieses Projekt ist etwas komplizierter als die vorhergehenden. Sie sollten besonders auf die Ausrichtung der vertikalen Fugen achten, damit die Seitenwände nicht unruhig wirken.

VORDERANSICHT DER MAUER MIT NISCHE

Rollschicht auf die Kante gestellte Ziegelsteine

Bogen

Nische Höhe 695 mm, Breite 573 mm

Sims 250 mm breit

Beton 125 mm dick

Schotter 200 mm dick

Mauernische

AUFBAU DER BOGENFORM

Sperrholz
563 x 122 x 6 mm

Radius 600 mm

57 mm

AUSEINANDER GEZOGENE PERSPEKTIVZEICHNUNG DER BOGENFORM

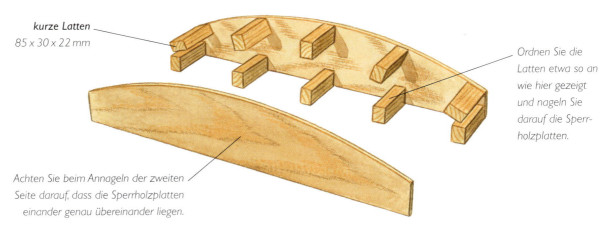

kurze Latten
85 x 30 x 22 mm

Ordnen Sie die Latten etwa so an wie hier gezeigt und nageln Sie darauf die Sperrholzplatten.

Achten Sie beim Annageln der zweiten Seite darauf, dass die Sperrholzplatten einander genau übereinander liegen.

AUFLEGEN DER BOGENFORM

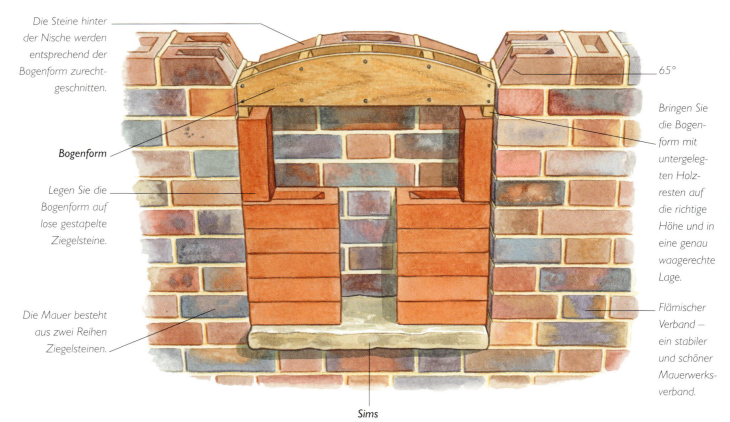

Die Steine hinter der Nische werden entsprechend der Bogenform zurechtgeschnitten.

Bogenform

Legen Sie die Bogenform auf lose gestapelte Ziegelsteine.

Die Mauer besteht aus zwei Reihen Ziegelsteinen.

65°

Bringen Sie die Bogenform mit untergelegten Holzresten auf die richtige Höhe und in eine genau waagerechte Lage.

Flämischer Verband – ein stabiler und schöner Mauerwerksverband.

Sims
Steinplatte, 554 x 250 x 40 mm

MAUERNISCHE 97

AUSEINANDER GEZOGENE PERSPEKTIVZEICHNUNG

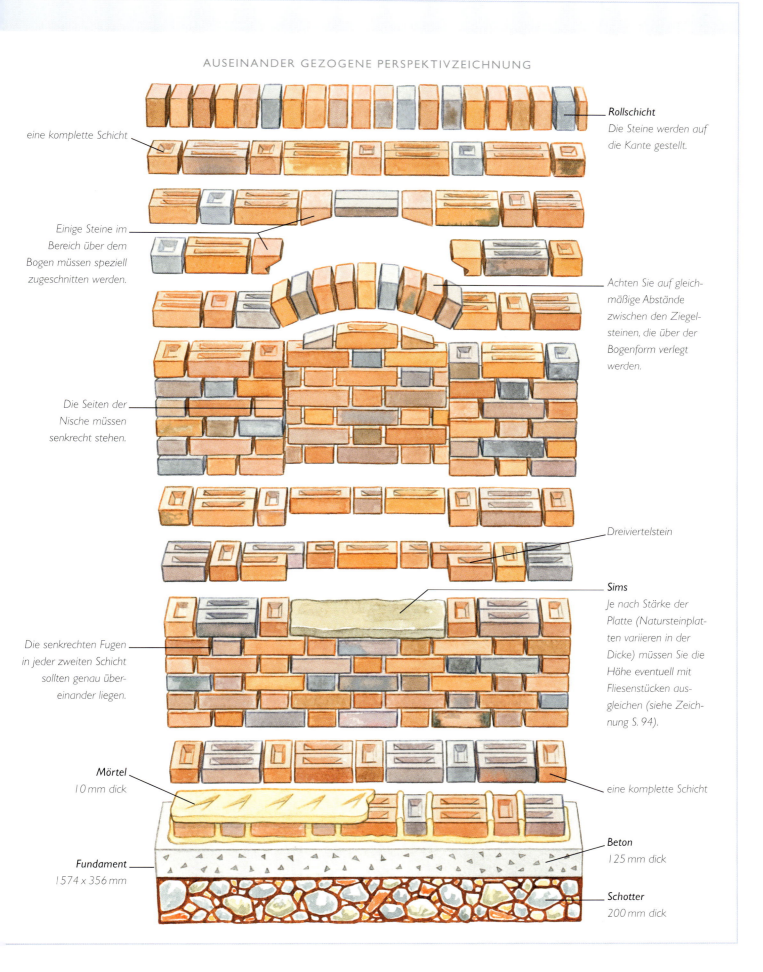

Rollschicht
Die Steine werden auf die Kante gestellt.

eine komplette Schicht

Einige Steine im Bereich über dem Bogen müssen speziell zugeschnitten werden.

Achten Sie auf gleichmäßige Abstände zwischen den Ziegelsteinen, die über der Bogenform verlegt werden.

Die Seiten der Nische müssen senkrecht stehen.

Dreiviertelstein

Sims
Je nach Stärke der Platte (Natursteinplatten variieren in der Dicke) müssen Sie die Höhe eventuell mit Fliesenstücken ausgleichen (siehe Zeichnung S. 94).

Die senkrechten Fugen in jeder zweiten Schicht sollten genau übereinander liegen.

eine komplette Schicht

Mörtel
10 mm dick

Fundament
1574 x 356 mm

Beton
125 mm dick

Schotter
200 mm dick

Mauernische

Mauer
Bauen Sie die Mauer zunächst bis zur Unterkante der Nische.

Verband
Der flämische Verband ist ein sehr stabiler Verband.

1. Legen Sie ein 1574 mm langes und 356 mm breites Fundament an, das aus einer 200 mm starken verdichteten Schotterschicht und einer 125 mm dicken Betonschicht besteht. Ist der Beton ausgehärtet, verlegen Sie darauf die erste Schicht Ziegelsteine. Beachten Sie, dass diese Mauer aus zwei Reihen Steinen besteht, die durch Binder (flämischer Verband) zusammengehalten werden. Mauern Sie die ersten sieben Schichten. Mit Lineal, Wasserwaage und Gummihammer korrigieren Sie die waagerechte und senkrechte Ausrichtung der Mauer. Verfüllen und säubern Sie alle Fugen, bevor der Mörtel trocknet.

Ausrichtung
Richten Sie die Platte genau waagerecht aus. Wenn nötig, legen Sie einige Schieferplatten unter.

2. Bei der achten Schicht lässt man in der Mitte eine Aussparung für die Simsplatte. Legen Sie die Steinplatte in die Aussparung. Die Enden sollten genau über den Fugen in der sechsten Schicht liegen. Schneiden Sie die Platte wenn nötig auf diese Größe zu. Legen Sie die Platte nun auf eine dicke Mörtelschicht und bedecken Sie die Oberfläche mit Sand, der als Schutz vor Mörtelspritzern dient. Die Platte sollte etwa 36 mm hervorstehen.

Sims
Der Sims sollte etwa 36 mm aus der Mauer herausragen.

einreihige Mauer
Verwenden Sie halbe Ziegel, damit die Mauer auch hier wie im flämischen Verband gemauert aussieht.

Schalung
Die Bogenform kann grob zusammengezimmert sein. Wichtig ist nur, dass die Konturen stimmen.

Ecken
Achten Sie darauf, dass die Ecken genau senkrecht stehen.

Ausrichtung
Die Sperrholzstücke müssen genau übereinander liegen.

Sperrholz
Zeichnen Sie die Form des Bogens mit einem Stangenzirkel auf. Der Radius beträgt 600 mm.

3 Mauern Sie nun die nächsten acht Schichten, wobei auf der Steinplatte nur einreihig gemauert wird, so dass die Nische entsteht. Schauen Sie sich auf der Zeichnung auf S. 97 vorher noch einmal die Anordnung der Steine an.

4 Bauen Sie die Bogenform. (Auf S. 27 finden Sie Hinweise zum Bau von Stangenzirkeln.) Sägen Sie die beiden Sperrholzteile mit einer Stichsäge aus. Sie werden durch kurze Latten verbunden. Schlagen Sie die Nägel durch das Sperrholz in die Stirnflächen der Latten. Dann drehen Sie alles um, legen die zweite Hälfte der Bogenform auf und nageln diese ebenfalls an. Stapeln Sie beiderseits der Nische Ziegelsteine auf und legen Sie darauf die Bogenform. Hinter der Form baut man die Mauer einreihig weiter, wobei die Ziegel so zuzuschneiden sind, dass sie der Form des Bogens folgen.

Trockenübung
Probieren Sie zunächst, die Steine ohne Mörtel auf der Schalung anzuordnen, damit Sie ein Gefühl dafür bekommen, wie groß die Abstände sein müssen. Alle Steine sind auf einen zentralen Punkt auf dem Sims auszurichten.

5 Der jeweils letzte Stein der Schicht, die an den Bogen grenzt, wird abgeschrägt, so dass sich der erste Stein des Bogens darauf stützen kann. Beim Mauern des Bogens ist auf gleichmäßige Abstände zwischen den Steinen zu achten. Über dem Bogen folgen nun zwei weitere Schichten, bei denen Sie die mittleren Steine entsprechend zuschneiden müssen. Den Abschluss bildet eine Rollschicht.

Hinweis
Wenn Sie zu kräftig auf die Steine des Bogens schlagen, riskieren Sie, die Form zu beschädigen. Nehmen Sie sich lieber genügend Zeit, um die Steine in die richtige Position zu bringen.

Rundes Wasserbecken

Ein rundes Wasserbecken mit Goldfischen oder Seerosen zieht garantiert die Aufmerksamkeit jedes Besuchers auf sich und ist dazu ein interessantes und anspruchsvolles Bauvorhaben. Wir haben das in die Erde eingelassene Becken in eine Terrasse integriert. So kann man je nach Jahreszeit unterschiedliche Kübelpflanzen darum arrangieren und so für ein ständig wechselndes Szenario sorgen.

ZEIT
2 Tage zum Ausheben der Vertiefung und 4–5 Tage für die Maurerarbeiten.

BESONDERER TIPP
Wenn Sie kleine Kinder haben, sollten Sie auf ein ebenerdiges Wasserbecken im Garten lieber verzichten.

BENÖTIGTE MATERIALIEN UND WERKZEUGE

Material für ein Wasserbecken mit einem Durchmesser von 2016 mm und einer Tiefe von 900 mm
- Ziegelsteine: 220 Stück für die Mauern und 47 Stück für den oberen Rand
- Beton: 1 Teil (72 kg) Zement und 4 Teile (288 kg) Kies der Körnung 0–16
- Mörtel: 1 Teil (50 kg) Zement und 3 Teile (150 kg) Sand
- Weicher Sand: 1 t
- Holz: 1 Brett, 1900 x 90 x 60 mm und 2 Bretter, 1020 x 90 x 30 mm (zum Verdichten); 1 Kantholz 200 x 75 x 75 mm (Auflage für Stangenzirkel); 1 Brett 1295 x 65 x 30 mm (Arm des Stangenzirkels); 1 Brett 1840 x 90 x 30 mm (zum Prüfen der Ausrichtung der Ebenen)
- Sperrholz: 1 Platte, 500 x 500 x 6 mm (Basis des Stangenzirkels) und 1 Platte 467 x 305 x 6 mm (U-förmiges Ende des Stangenzirkels)
- Teichvlies: 37 m²
- Teichfolie: 4,3 x 4,3 m
- Nägel: 5 Stück, 60 mm lang

Geräte und Werkzeuge
- Bandmaß, Pflöcke, Schnur, Kreide oder Markierspray
- Spaten und Harke
- Schubkarre und Eimer
- Schere
- Mehrzwecksäge
- Klauenhammer
- Schaufel und Brett zum Mischen oder Betonmischer
- Stichsäge
- tragbare Arbeitsbank
- Maurerkelle und Fugenkelle
- Maurerhammer
- Wasserwaage
- Vorschlaghammer

ANORDNUNG DER ERSTEN ZIEGELSTEINSCHICHT

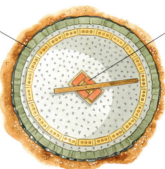

Auskleidung der Vertiefung
Unter dem Betonfundament und hinter der Wand des Beckens wurde ein Vlies und darauf die Teichfolie verlegt.

Stangenzirkel
Im Mittelpunkt des Beckens wird ein Brett drehbar gelagert. Damit lässt sich die genaue Position der Steine bestimmen (siehe auch S. 27).

ANORDNUNG DER STEINE DER OBERSTEN SCHICHT

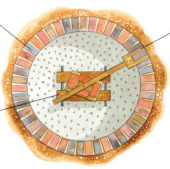

oberer Rand
Achten Sie auf gleichmäßige Abstände zwischen den Steinen.

tragbare Arbeitsbank
Auflage für den Stangenzirkel

Stangenzirkel
Wie oben, jedoch um eine Sperrholzplatte verlängert, aus der eine Aussparung in der Größe eines Ziegelsteins ausgesägt wurde.

DIE KRAFT DES KREISES

Ein rundes, in die Erde eingelassenes Wasserbecken ist ein klassisches Element der Gartenarchitektur. Wenn Sie sich mit dem Gedanken tragen ein solches Wasserbecken zu bauen, sollten Sie die Sicherheitsaspekte nicht außer Acht lassen, solange man noch kleine Kinder hat.

Vermeiden Sie wenn möglich Standorte, an denen Sie beim Graben auf Wasserleitungen, Abwasserrohre oder Stromkabel stoßen. Generell gilt, dass bei Schachtarbeiten immer Vorsicht angebracht ist. Falls Sie doch auf eine Leitung stoßen, sollten Sie sich unbedingt an das zuständige Versorgungsunternehmen wenden (siehe auch Seite 38). Soll später ein Wasserspiel installiert werden, muss man während des Baus ein Schutzrohr aus Kunststoff (Ø 50 mm) für das Stromkabel der Pumpe verlegen, welches über den Grund des Brunnens (auf der Teichfolie entlang) durch ein Loch in der Wand und dann zwischen Wand und Teichfolie nach oben geführt wird. Dort legt man es über den Rand der Teichfolie und versteckt es unter den Pflasterplatten.

102 PROJEKTE

Rundes Wasserbecken

SCHNITT DURCH DAS WASSERBECKEN

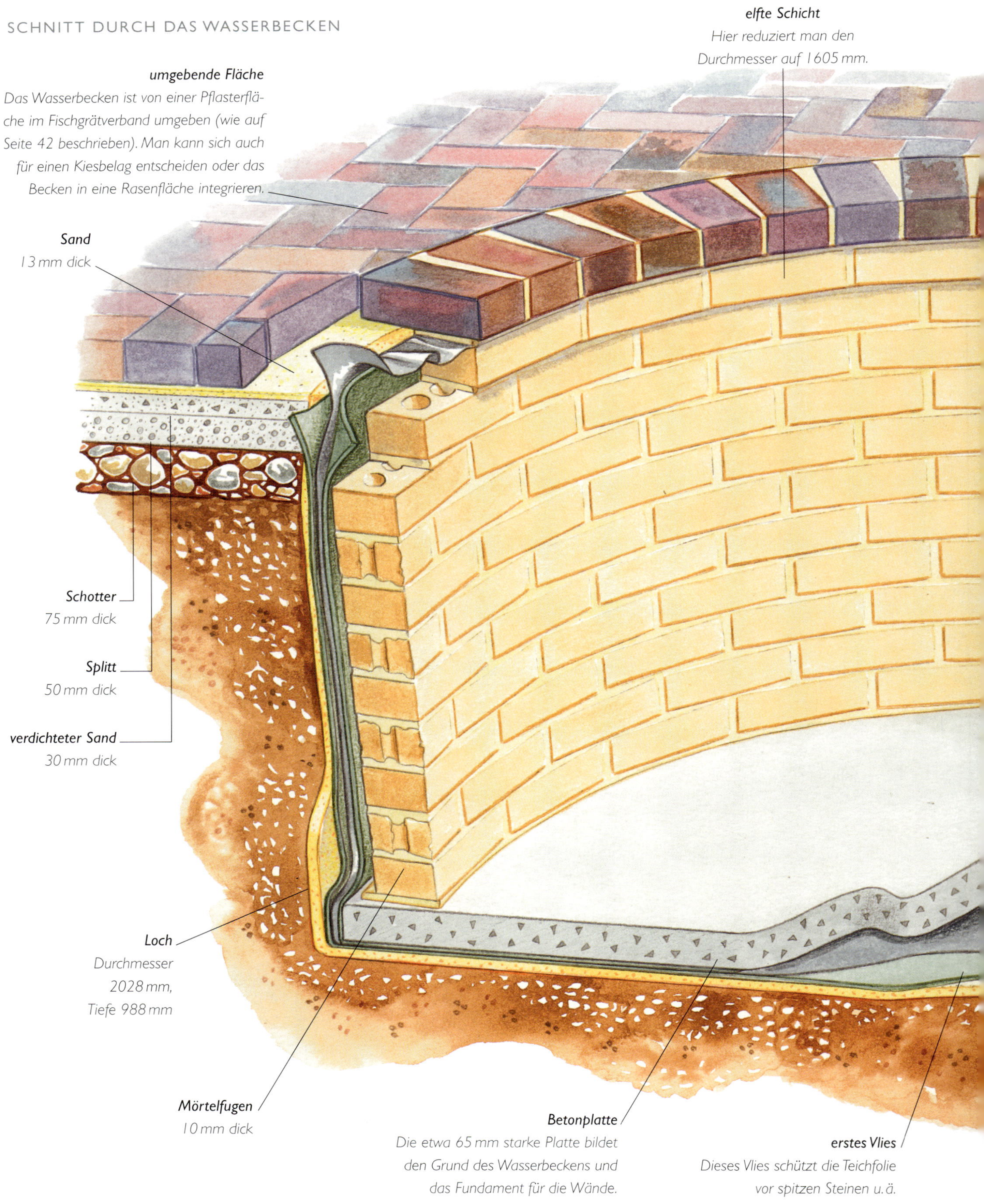

umgebende Fläche
Das Wasserbecken ist von einer Pflasterflä-
che im Fischgrätverband umgeben (wie auf
Seite 42 beschrieben). Man kann sich auch
für einen Kiesbelag entscheiden oder das
Becken in eine Rasenfläche integrieren.

Sand
13 mm dick

elfte Schicht
Hier reduziert man den
Durchmesser auf 1605 mm.

Schotter
75 mm dick

Splitt
50 mm dick

verdichteter Sand
30 mm dick

Loch
Durchmesser
2028 mm,
Tiefe 988 mm

Mörtelfugen
10 mm dick

Betonplatte
Die etwa 65 mm starke Platte bildet
den Grund des Wasserbeckens und
das Fundament für die Wände.

erstes Vlies
Dieses Vlies schützt die Teichfolie
vor spitzen Steinen u. ä.

RUNDES WASSERBECKEN 103

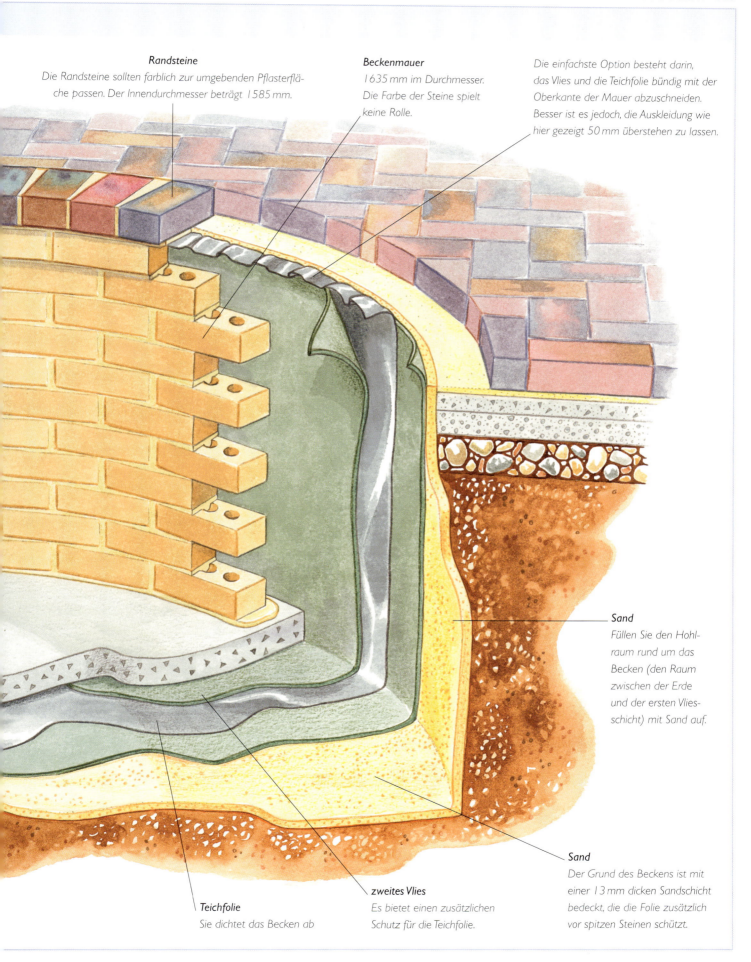

Randsteine
Die Randsteine sollten farblich zur umgebenden Pflasterfläche passen. Der Innendurchmesser beträgt 1585 mm.

Beckenmauer
1635 mm im Durchmesser. Die Farbe der Steine spielt keine Rolle.

Die einfachste Option besteht darin, das Vlies und die Teichfolie bündig mit der Oberkante der Mauer abzuschneiden. Besser ist es jedoch, die Auskleidung wie hier gezeigt 50 mm überstehen zu lassen.

Sand
Füllen Sie den Hohlraum rund um das Becken (den Raum zwischen der Erde und der ersten Vliesschicht) mit Sand auf.

Sand
Der Grund des Beckens ist mit einer 13 mm dicken Sandschicht bedeckt, die die Folie zusätzlich vor spitzen Steinen schützt.

Teichfolie
Sie dichtet das Becken ab

zweites Vlies
Es bietet einen zusätzlichen Schutz für die Teichfolie.

Rundes Wasserbecken

Schachtarbeiten
Arbeiten Sie langsam und achten Sie darauf, dass die Seiten der Vertiefung nicht einfallen.

Ziehen Sie das Vlies etwas über den Rand hinaus und beschweren Sie es mit Ziegelsteinen.

Form der Vertiefung
Rieselt die Erde an den Seiten herab, müssen Sie die Vertiefung oben breiter machen.

Seiten
Die Falten sollten gleichmäßig über den Umfang verteilt werden.

Entfernen Sie alle spitzen Steine, bevor Sie das Vlies verlegen.

1 Markieren Sie einen Kreis mit einem Durchmesser von 2028 mm (und gegebenenfalls die künftige Terrassenfläche) und heben Sie die Erde 988 mm tief aus. Es ist möglich, dass die Seitenwände etwas einfallen, doch solange der Durchmesser am Boden mindestens 2028 mm beträgt, ist das kein Problem. Ist der Boden hart und steinig, muss man ihn mit einer Spitzhacke oder Breithacke aufbrechen.

2 Entfernen Sie alle spitzen Steine und kleiden Sie das Loch mit Vlies aus. Bedecken Sie erst den Boden und dann die Seitenwände. An den Stößen sollte das Vlies mindestens 10 cm überlappen. Oben zieht man es 30 cm über den Rand und beschwert es mit Ziegelsteinen.

Teichfolie
Der obere Rand der Folie wird mit Ziegelsteinen fixiert.

Vlies
Verlegen Sie auf der Teichfolie ein zweites Vlies.

Die Kanten sollten weit überlappen.

Glätten Sie den Beton und ziehen Sie ihn bis zu den Seitenwänden des Beckens.

Beton
Auf das Vlies wird eine 65 mm starke Betonplatte gegossen.

3 Auf dem Vlies wird nun die Teichfolie verlegt, die aus einem Stück bestehen muss. Versuchen Sie nicht, die Folie an die Ränder zu drücken, indem Sie jetzt schon Wasser einfüllen, sondern drapieren Sie die Folie so über die Seiten, dass die Falten möglichst gleichmäßig über den Umfang verteilt sind. Oben ziehen Sie die Folie ebenfalls mindestens 30 cm über den Rand und beschweren sie mit Ziegelsteinen.

4 Nun folgt das zweite Vlies, das genau wie das erste verlegt wird. Bitten Sie einen Freund, Ihnen beim Gießen und Abziehen der Betonplatte zu helfen. Befestigen Sie dazu an ihrem Abziehbrett zwei lange Griffe (Foto) und ziehen Sie den Beton damit bis an den Rand. Die Betonplatte muss mindestens 2 Tage trocknen, bevor Sie weiterarbeiten können.

RUNDES WASSERBECKEN 105

horizontale Ebene
Prüfen Sie die horizontale Ausrichtung jeder Schicht.

vertikale Ebene
Kontrollieren Sie mit der Wasserwaage, ob die Beckenmauer genau in der Senkrechten steht.

5 Beginnen Sie nun mit dem Bau der runden Mauer. Bauen Sie die Mauer 10 Schichten hoch. Der Durchmesser sollte 1635 mm betragen. Ein Stangenzirkel hilft Ihnen dabei, eine gleichmäßige Kreisform zu erhalten (siehe Seiten 27 und 100). Die Breite der Mörtelfugen beträgt 10 mm. Kratzen Sie allen überschüssigen Mörtel ab und säubern Sie die Fugen, bevor der Mörtel vollständig erhärtet. Überprüfen Sie regelmäßig die senkrechte und die waagerechte Ausrichtung der Schichten. Die elfte Schicht wird etwa 15 mm nach innen versetzt, so dass eine abgestufter Rand entsteht.

Stangenzirkel
Ein selbst gebauter Stangenzirkel hilft bei der Ausrichtung der Steine auf der Kreislinie.

Terrasse
Wollen Sie um das Wasserbecken herum noch eine Terrasse bauen, schachten Sie die Erde aus und füllen Sie eine 50 mm dicke Schotterschicht ein. Darauf folgt eine 30 mm starke Schicht aus verdichtetem Kies und 13 mm loser scharfer Sand.

6 Legen Sie nun das Vlies und die Teichfolie über den Rand der Mauer in das Becken. Füllen Sie den Hohlraum zwischen Mauer und Boden mit Erde auf. Dann schneiden Sie das Vlies und die Teichfolie in Höhe der Oberkante der letzten Schicht ab. Verlängern Sie den Stangenzirkel auf einen Radius von 792 mm und verlegen Sie dann die zwölfte Schicht. Wir haben den Stangenzirkel hier auf eine Werkbank aufgelegt. In die Werkbank wird das Auflageholz eingespannt. Der Zirkelarm dreht sich um einen Nagel, der in das Auflageholz eingeschlagen wurde. Ein U-förmig ausgeschnittenes Stück Sperrholz zeigt die genaue Position jedes Steins an.

Anregungen: Dekorative Maurerarbeiten

Ziegelsteine sind von Natur aus sehr dekorativ. Sie kommen in vielen Farben vor, angefangen von Schieferblau und Schwarz bis zu Rot mit Orangen-, Gelb- und Brauntönen. Außerdem kann man Sie in interessanten Verbänden verlegen, so dass selbst ein einfacher Gehweg zu einem Blickpunkt im Garten wird. Schließlich lassen sich durch verschiedenfarbige Ziegel oder eine Kombination von Materialien (Ziegelsteine und Kiesel oder Ziegelsteine und Schieferplatten etc.) die unterschiedlichsten Muster gestalten.

OBEN Eine einfache und trotzdem sehr dekorative Gartenmauer mit drei Schichten Steinen im Wabenverband unter einer abschließenden Rollschicht.

OBEN (KLEINES FOTO) Eine traditionelle Hofmauer in Sussex (England), bei der die Steinschichten diagonal verlaufen.

DEKORATIVE MAURERARBEITEN 107

OBEN Im Winter, wenn die Kletterpflanzen kahl sind, kommt die Struktur dieser Pergolasäulen erst richtig zur Geltung. Die mittleren Ziegel an den Seiten der quadratischen Säulen stehen etwas hervor und die Säulen haben eine interessante zickzackförmige Krone.

Gemauerter Gartengrill

Dieser gemauerte Gartengrill stellt hinsichtlich der praktischen Details und des optischen Eindrucks jeden Grillplatz aus dem Baumarkt in den Schatten. Der Entwurf sieht einen großen Rost, seitlich davon zwei Arbeitsplatten, darüber zwei praktische Ablagen und sogar einen kleinen Schornstein vor, durch den der Rauch besser abzieht. Außerhalb der Grillsaison kann man die Arbeitsflächen und Ablagen als Stellflächen für Kübelpflanzen nutzen.

ZEIT
5 Tage (ohne Fundament)

SICHERHEIT
Lassen Sie glühende Grillkohle niemals unbeaufsichtigt, besonders dann nicht, wenn sich kleine Kinder oder Haustiere in der Nähe aufhalten.

BENÖTIGTE MATERIALIEN UND WERKZEUGE

Material *für einen Grill mit einer Höhe von 1606 mm, einer Breite von 1565 mm und einer Tiefe von 832 mm*
- Ziegelsteine: 377 Stück
- Betonplatten: 4 Stück, 441 × 441 × 30 mm
- Dachziegel oder Fliesen: 30 Stück, 150 × 150 × 8 mm
- Schieferplatten: 6 ovale Platten, etwa 50 mm Durchmesser und 8 mm stark
- Mörtel: 1 Teil (40 kg) Zement und 4 Teile (160 kg) Sand
- Holz: 9 kurze Latten, 192 × 35 × 22 mm (Schalung), 1 Brett, 460 × 35 × 22 mm (Stangenzirkel), 1 Brett 1700 × 35 × 20 mm (Lineal)
- Sperrholz: 2 Platten, 720 × 360 × 6 mm (Schalung)
- Nägel: 18 Stück, 30 mm lang
- Rost: 640 bis 685 × 348 bis 450 mm

Geräte und Werkzeuge
- Bandmaß, Lineal und ein Stück Kreide
- Spaten, Grabegabel und Schaufel
- Schubkarre und Eimer
- Vorschlaghammer
- Schaufel und Brett zum Mischen oder Betonmischer
- Maurerkelle und Fugenkelle
- Maurerhammer und Fäustel
- Prelleisen
- Gummihammer
- Wasserwaage
- Mehrzwecksäge
- Stichsäge
- Klauenhammer

GENIESSEN UNTER FREIEM HIMMEL

Grillabende sind bei Groß und Klein beliebt – es ist einfach wunderbar, bei schönem Wetter die Mahlzeiten im Freien zu genießen. Für Partyfreunde, bei denen die Grillkohle fast an jedem Wochenende glüht, ist ein solcher Grillplatz ideal. Er bietet reichlich Platz für den Grillmeister und ist äußerst robust und haltbar – nicht wie diese wackeligen Apparate aus dem Baumarkt, die bereits nach dem ersten Regen zu rosten beginnen.

Sie sollten sich in Ruhe überlegen, wo der Grill stehen soll. Es empfiehlt sich, zunächst einen Grillabend mit einem transportablen Grill zu veranstalten, um die Vorzüge und Nachteile des gewählten Platzes besser beurteilen zu können. Es dürfen keine Zweige oder Ranken über dem Grill hängen, die verbrennen können, der Rauch des Grills darf die Nachbarn nicht stören und schließlich sollte auch der Weg zum Essplatz nicht allzu lang sein. Der Grill benötigt ein stabiles Fundament. Beabsichtigen Sie, den Grill auf der Terrasse zu bauen, sollten Sie vorher überprüfen, ob das Fundament der Terrasse stark genug ist (siehe auch S. 21). Ansonsten müssen Sie ein neues Fundament anlegen wie auf Seite 110 beschrieben.

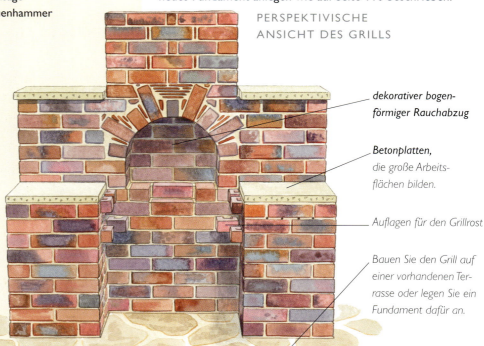

PERSPEKTIVISCHE ANSICHT DES GRILLS

dekorativer bogenförmiger Rauchabzug

Betonplatten, die große Arbeitsflächen bilden.

Auflagen für den Grillrost

Bauen Sie den Grill auf einer vorhandenen Terrasse oder legen Sie ein Fundament dafür an.

Gemauerter Gartengrill

ANORDNUNG DER STEINE DER ERSTEN SCHICHT

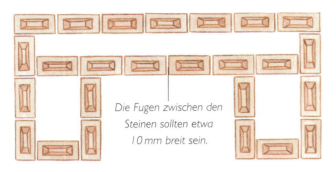

Die Fugen zwischen den Steinen sollten etwa 10 mm breit sein.

ANORDNUNG DER STEINE DER ZWEITEN SCHICHT

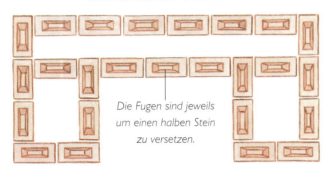

Die Fugen sind jeweils um einen halben Stein zu versetzen.

ANORDNUNG DER STEINE DER SIEBENTEN SCHICHT

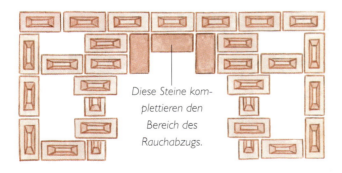

Diese Steine komplettieren den Bereich des Rauchabzugs.

ANORDNUNG DER STEINE DER NEUNTEN SCHICHT

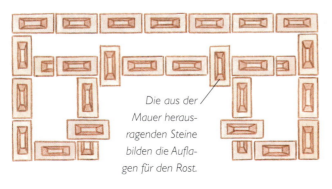

Die aus der Mauer herausragenden Steine bilden die Auflagen für den Rost.

VORDERANSICHT DER BOGENFORM

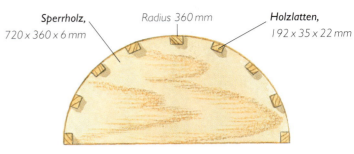

Sperrholz, *720 x 360 x 6 mm* — Radius 360 mm — **Holzlatten,** *192 x 35 x 22 mm*

PERSPEKTIVISCHE ANSICHT DER BOGENFORM

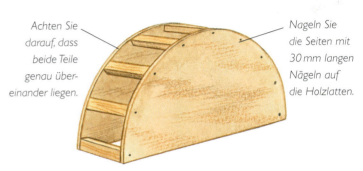

Achten Sie darauf, dass beide Teile genau übereinander liegen.

Nageln Sie die Seiten mit 30 mm langen Nägeln auf die Holzlatten.

SEITENANSICHT DES GEMAUERTEN GRILLS

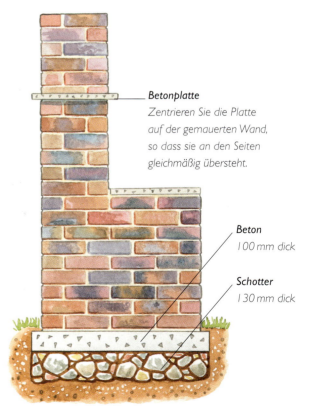

Betonplatte
Zentrieren Sie die Platte auf der gemauerten Wand, so dass sie an den Seiten gleichmäßig übersteht.

Beton
100 mm dick

Schotter
130 mm dick

GEMAUERTER GARTENGRILL **113**

AUSEINANDER GEZOGENE PERSPEKTIVZEICHNUNG DES GRILLS

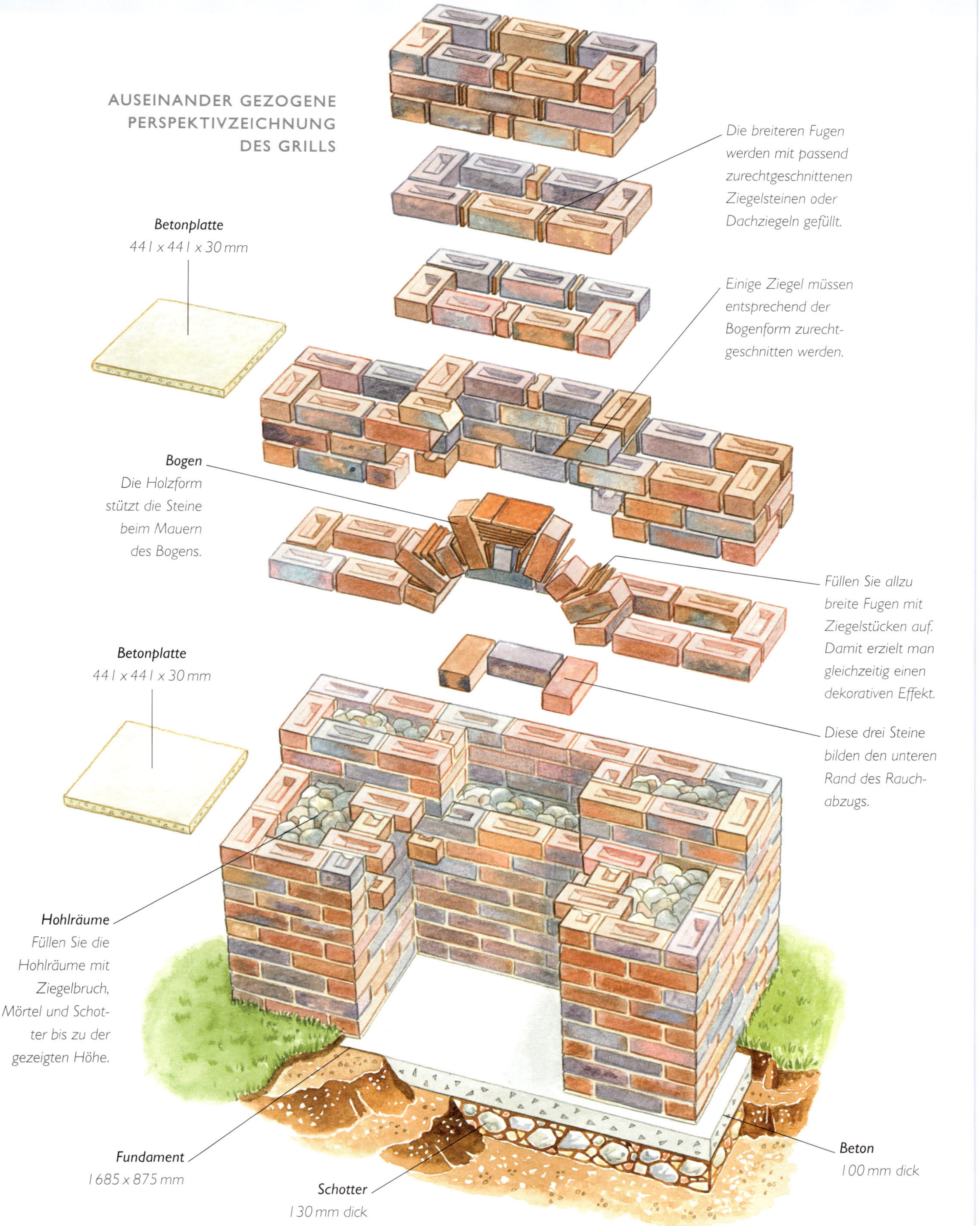

Betonplatte
441 x 441 x 30 mm

Bogen
*Die Holzform
stützt die Steine
beim Mauern
des Bogens.*

Betonplatte
441 x 441 x 30 mm

Hohlräume
*Füllen Sie die
Hohlräume mit
Ziegelbruch,
Mörtel und Schot-
ter bis zu der
gezeigten Höhe.*

Fundament
1685 x 875 mm

Schotter
130 mm dick

Beton
100 mm dick

*Die breiteren Fugen
werden mit passend
zurechtgeschnittenen
Ziegelsteinen oder
Dachziegeln gefüllt.*

*Einige Ziegel müssen
entsprechend der
Bogenform zurecht-
geschnitten werden.*

*Füllen Sie allzu
breite Fugen mit
Ziegelstücken auf.
Damit erzielt man
gleichzeitig einen
dekorativen Effekt.*

*Diese drei Steine
bilden den unteren
Rand des Rauch-
abzugs.*

Gemauerter Gartengrill

erste Schicht
Legen Sie die Ziegelsteine zunächst ohne Mörtel aus.

Mörtel
Der Mörtel für die erste Schicht sollte relativ steif sein.

Grundriss
Markieren Sie den Grundriss des Grills mit Kreide.

Rechtwinkligkeit
Überprüfen Sie, ob alle Winkel genau 90° betragen.

Achten Sie darauf, dass alle Ziegel auf gleicher Höhe liegen.

1 Müssen Sie ein Fundament anlegen, schachten Sie den Boden 230 mm tief aus und füllen Sie ein Schicht Schotter ein, die Sie bis auf 130 mm verdichten. Gießen Sie dann eine 100 mm starke Betonplatte. Steht der Grill auf einer Grasfläche, schachtet man den Boden 5 cm tiefer aus, so dass das Gras später bis an die Mauer des Grills heranwachsen kann (siehe S. 111).

2 Falls Sie den Grill auf einer vorhandenen Terrasse bauen, prüfen Sie vorher, ob die Terrasse in jeder Richtung waagerecht ist. Wurde die Terrasse aus Drainagegründen nur leicht schräg angelegt, kann man diese Schräge wahrscheinlich durch eine entsprechend angepasste Mörtelschicht unter der ersten Steinschicht ausgleichen. Fällt die Terrasse jedoch zu stark ab (mehr als 10 mm über die Länge des Grills), müssen Sie eine Ausgleichschicht aus Beton gießen (mindestens 40 mm stark). Erst danach können Sie mit dem Verlegen der Steine beginnen.

Ecken
Kontrollieren Sie beim Bau der Ecken deren senkrechte Ausrichtung mit der Wasserwaage.

Abfall
Füllen Sie die Hohlräume mit Stein- und Mörtelresten.

Auflagen
Legen Sie die Steine, die als Auflagen dienen, mittig auf die Mauer.

Die Auflage dienenden Steine müssen genau auf gleicher Höhe liegen.

3 Achten Sie beim Mauern der Schichten darauf, dass die Fugen jeweils um einen halben Stein versetzt sind und dass alle Seiten genau senkrecht und waagerecht stehen. Überprüfen Sie die Ausrichtung jedes einzelnen Steins mit der Wasserwaage und verfüllen und reinigen Sie die Fugen sorgfältig, bevor der Mörtel trocknet.

4 Mauern Sie die ersten sechs Schichten und legen Sie dann in der siebenten Schicht vier Steine quer. Diese dienen später als Auflage für das Kohleblech.

GEMAUERTER GARTENGRILL 113

Rost
Das Grillrost liegt zwei Schichten höher als das Kohleblech.

Bogen
Die Fugen zwischen den Steinen des Bogens werden mit Mörtel und Ziegelstücken ausgefüllt.

waagerechte Ausrichtung
Achten Sie darauf, dass Rost und Blech genau waagerecht liegen.

Auflagen
Die Holzform wird mit untergelegten dünnen Holzlatten oder Schieferplatten waagerecht ausgerichtet.

Holzform
Als Stützen für die Form dienen Ziegelsteine.

5 Mauern Sie die nächsten Schichten und vergessen Sie in der neunten Schicht nicht, die Auflagen für den Grillrost einzubauen. Prüfen Sie, ob das Blech für die Grillkohle und der Grillrost in den Zwischenraum passen und legen Sie beide zunächst wieder beiseite. Jetzt sind die Mauern links und rechts vom Grillrost fertig und Sie können sich auf die Rückseite konzentrieren. Bauen Sie zunächst die hölzerne Form für den Bogen. Der Bau der Form ist im Projekt „Mauernische" auf den Seiten 96 und 99 beschrieben.

6 Legen Sie die Holzform auf Ziegel und bauen Sie darüber den Bogen. Beginnen Sie auf einer Seite, geben Sie etwas Mörtel auf den Stein der bereits errichteten Mauer und legen Sie dann den ersten Stein des Bogens schräg darauf, so dass er auf den Mittelpunkt des Kreises zeigt. Wenn nötig, schieben Sie ein Stück Ziegel darunter, damit der Stein im richtigen Winkel sitzt. Mauern Sie bis fast zur Mitte des Bogens. Beginnen Sie dann von der anderen Seite her mit der zweiten Hälfte. Passen Sie am Ende den Schlussstein ein.

Schichten
Achten Sie darauf, dass die Ziegel auf beiden Seiten des Bogens auf gleicher Höhe liegen.

Dachziegel
Füllen Sie die breiten schrägen Fugen mit entsprechend zugeschnittenen Dachziegelstücken.

Ausrichtung
Überprüfen Sie mit der Wasserwaage immer wieder die waagerechte Ausrichtung der Arbeitsplatten.

Arbeitsplatten
Richten Sie die Arbeitsplatten mit Hilfe von Mörtel und Schieferstücken waagerecht aus.

7 Füllen Sie die Hohlräume im Grill bis zur Höhe des Grillrostes mit Ziegelsteinbruch, Mörtel und Schotter. Den Bereich über dem Bogen füllt man mit entsprechend zurechtgeschnittenen Ziegelsteinen und Dachziegeln. Verfüllen und glätten Sie die Fugen mit der Fugenkelle.

8 Stellen Sie nun den Rauchabzug fertig. Überprüfen Sie dabei regelmäßig die waagerechte und senkrechte Ausrichtung. Zum Schluss legen Sie die Steinplatten auf eine 10 mm starke Mörtelschicht. Säubern Sie die restlichen Fugen. Warten Sie unbedingt ein paar Tage bis zur ersten Grillparty, denn die Hitze der Glut würde den Mörtel zu schnell trocknen lassen.

Mauer mit Schmuckelementen

Eine alte Ziegelmauer ist ein einzigartiges Stück Geschichte und oft ein faszinierendes Bauwerk. Oft kann man daran noch erkennen, wie sich die Bedürfnisse im Laufe der Zeit geändert haben: da wurden Fenster zugemauert, neue Durchgänge in die Mauer gebrochen oder Erweiterungen vorgenommen. Mit diesem Projekt soll eine solche alte Mauern nachgestaltet werden. Kreative Maurer können ein wirkliches Kunstwerk entwerfen, das zum Beispiel ihr eigenes Leben widerspiegelt, wobei unterschiedliche Strukturen und Materialien bestimmte wichtige Ereignisse wie eine Hochzeit oder die Geburt eines Kindes symbolisieren können.

ZEIT
6 Tage (Mauern Sie niemals mehr als 4 Schichten an einem Tag!)

SICHERHEIT
Haben Sie Kinder, die die Mauer eventuell als Klettergerüst benutzen, sollten Sie hinter der Mauer zusätzlich eine Stützsäule errichten.

BENÖTIGTE MATERIALIEN UND WERKZEUGE

Material für eine 1714 mm hohe und 2578 mm lange Mauer
- Ziegelsteine: 306 Stück
- Steine: 1 Platte, 430 x 240 x 60 mm, 2 Felssteine mit etwa 200 mm Durchmesser, 14 kleinere Steine, etwa 300 x 200 x 30 mm
- Mühlstein: Ø 410 mm, 110 mm dick
- Dachziegel: 9 Stück, 215 x 162 x 10 mm
- Kopfsteine: 40 Stück, Ø etwa 50 mm
- Kiesel: 150 Stück, Ø etwa 15 mm
- Schotter: 0,2 m³
- Beton: 1 Teil (60 kg) Zement und 4 Teile (240 kg) Kies der Körnung 0–16
- Mörtel: 1 Teil (60 kg) Zement und 4 Teile (240 kg) Sand
- Holz: 8 kurze Latten, 204 x 35 x 22 mm (für die Form), 1 Brett, 560 x 35 x 22 mm (für den Stangenzirkel)
- Sperrholz: 2 Platten, 460 x 395 x 6 mm (Form)
- Nägel: 16 x 40 mm

Geräte und Werkzeuge
- Bandmaß, Pflöcke und Schnur, Lineal und ein Stück Kreide
- Spaten und Grabegabel
- Schubkarre und Eimer
- Vorschlaghammer
- Schaufel und Brett zum Mischen oder Betonmischer
- Maurerkelle und Fugenkelle
- Prelleisen
- Wasserwaage
- Mehrzwecksäge
- Stichsäge
- Klauenhammer

ANORDNUNG DER STEINE DER ERSTEN SCHICHT

Fundament 2650 x 300 mm

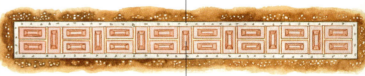

im flämischen Verband gesetzte zweireihige Mauer

ANORDNUNG DER ZWEITEN SCHICHT

In der zweiten Schicht werden die Ziegel so verlegt, dass sie mittig über den Fugen der ersten Schicht liegen.

ZEITZEUGEN

Es ist immer wieder faszinierend, durch die Ruinen eines einst prachtvollen Schlosses oder einer alten Abtei zu wandern, die zerbröckelnden Torbögen zu betrachten, die scheinbar nur noch von Zauberhand gehalten werden, und den Treppenstufen zu folgen, die ins Nichts führen. Wäre es nicht großartig, eine eigene mysteriöse Ruine in einer versteckten Ecke des Gartens zu haben?

Die Mauer ist etwa 1,70 m hoch, braucht also ein stabiles Fundament wie auf Seite 116 gezeigt. Wir haben hier auf Stützpfeiler verzichtet, da die Mauer am untersten Ende eines Gartens neben einer Hecke steht und wohl von niemandem erklommen wird. Ist jedoch damit zu rechnen, dass Kinder in der Nähe einer solchen Mauer spielen, müssen Sie das Bauwerk zusätzlich stabilisieren (siehe Seite 29).

Sie können nach Belieben alle möglichen Arten von Steinen und Ziegeln in die Mauer integrieren und müssen dem hier gezeigten Entwurf durchaus nicht exakt folgen. Speziell behauene Steine, Fossilien oder sogar Muscheln wären schöne Schmuckelemente.

Mauer mit Schmuckelementen

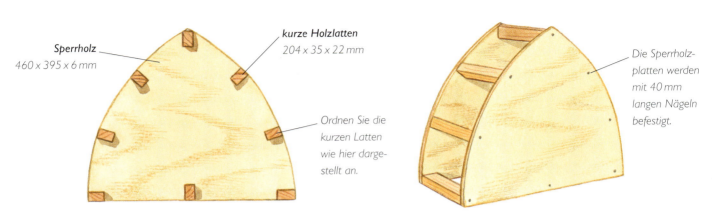

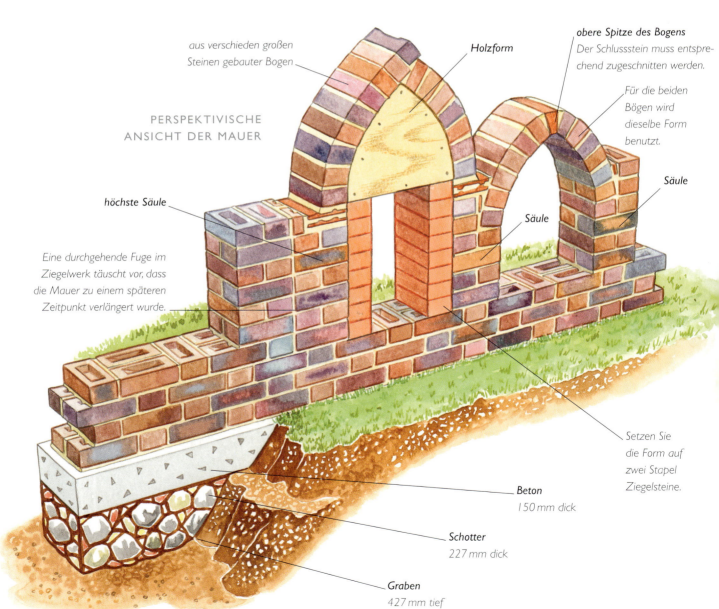

MAUER MIT SCHMUCKELEMENTEN 117

AUSEINANDER GEZOGENE PERSPEKTIVZEICHNUNG DER MAUER

Rollschicht
Die Ziegelsteine werden auf die Kante gestellte.

eine komplette Schicht

dekorative Schicht

ganzer Stein

Dreiviertelstein

eine komplette Schicht

Lassen Sie die Seiten unvollendet, damit die Mauer einer Ruine ähnelt.

Die an den Bogen grenzenden Steine müssen entsprechend zurechtgeschnitten werden.

Steinplatte
Ungleichmäßige Platten, die nicht größer als 300 x 200 x 30 mm sind.

Dachziegel
215 x 162 x 10 mm

Mühlstein
Ø 410 mm, Dicke 110 mm

Kiesel
Ø 50 mm

Geröllstein
Ø etwa 200 mm

Steinplatte
430 x 240 x 60 mm

Mauer mit Schmuckelementen

Verband
Bauen Sie die Mauer drei Schichten hoch im flämischen Verband.

Wasserwaage
Die Säulen müssen genau senkrecht und parallel zueinander stehen.

Ausrichtung
Prüfen Sie die Ausrichtung mit der Wasserwaage.

Ausrichtung
Achten Sie darauf, dass die Schichten beider Säulen auf gleicher Höhe liegen.

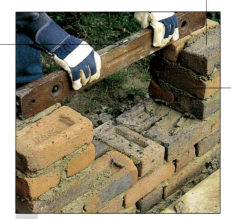

Bauen Sie die beiden Säulen aus paarweise nebeneinander liegenden Steinen.

1 Schachten Sie die Erde im Bereich des Fundaments 427 mm tief aus und füllen Sie eine 227 starke Schicht Schotter (verdichtet) und 150 mm Beton ein. Markieren Sie mit Kreide und Lineal die Position und den Grundriss der Mauer. Mauern Sie zuerst drei Schichten in dem gezeigten flämischen Verband. Achten Sie dabei darauf, dass alle senkrechten Fugen versetzt angeordnet sind und dass die Mauer senkrecht und waagerecht ausgerichtet ist. Das fertige Bauwerk soll möglichst wie eine alte Mauer wirken, die über die Jahrzehnte mehrmals repariert wurde; kratzen Sie deshalb den überschüssigen Mörtel einfach ab und lassen Sie ruhig einige Fugen unverfüllt.

2 Bauen Sie zwei Säulen wie hier gezeigt und dann eine dritte, höhere Säule (siehe Zeichnungen auf den Seiten 116 und 117). Die Steine in den aufeinander folgenden Schichten sind jeweils um 180° zu drehen. Überprüfen Sie die waagerechte Ausrichtung mit der Wasserwaage.

Bogenform
Sägen Sie die Bogenform entsprechend der Arbeitszeichnung zu.

Spitze des Bogens
Der Schlussstein muss passend zugeschnitten werden.

Rollschicht
Setzen Sie die Ziegel über der Form auf die Kante.

Bogenform
Als Stütze dienen Ziegelstapel.

3 Bauen Sie die Holzform für die Bögen. Der Radius beider Bögen beträgt 460 mm. Markieren Sie die Bögen mit Hilfe eines Stangenzirkels (siehe S. 27). Sägen Sie dann die Sperrholzplatten mit einer Stichsäge aus. Verbinden Sie beide Seiten miteinander wie beim Projekt „Mauernische" auf den Seiten 94–99 beschrieben.

4 Stellen Sie die Form auf die zwischen den beiden kleinen Säulen errichteten Ziegelstapel. Mauern Sie zuerst eine Hälfte des Bogens und dann die zweite von der anderen Seite beginnend. Am Ende passen Sie den Schlussstein ein.

MAUER MIT SCHMUCKELEMENTEN 119

Fügen Sie über den Bögen einige schmückende Details aus alten Ziegeln oder Natursteinplatten ein.

*Spitze des Bogens
Der Schlussstein muss passend zurechtgeschnitten werden.*

*Verband
Mauern Sie auch über dem Bogen im flämischen Verband weiter.*

*Füllung
Füllen Sie die Nische mit steinernen Fundstücken.*

*Details
Füllen Sie die Nische nun mit Mörtel und Kopfsteinen.*

5 Fügen Sie um den Bogen herum zwischen die Ziegelsteine alte Dachziegel oder Natursteine entsprechend der Zeichnung bzw. gemäß Ihrem eigenen Entwurf ein. Dabei lässt sich übrig gebliebenes Material von anderen Projekten gut verwerten. Ist der Mörtel erhärtet, nehmen Sie die Holzform heraus und bauen damit den zweiten (höheren) Bogen. Füllen Sie den ersten Bogen komplett mit Ziegelsteinen, Natursteinplatten und Kieseln aus. Beim großen Bogen füllt man nur den Hintergrund mit Ziegelsteinen aus, so dass eine Nische entsteht.

6 Streichen Sie eine dicke Schicht Mörtel in die Nische und drücken Sie den Mühlstein hinein. Füllen Sie die Zwischenräume mit Kopfsteinen und Mörtel. Interessante Bruchstücke von alten Gemäuern oder Geschirrscherben können hier ebenfalls verwendet werden.

*Rollschicht
Die Mauer wird mit einer Schicht auf der Kante liegender Steine abgeschlossen.*

7 Mauern Sie schließlich die waagerechten Schichten über den Bögen und zum Schluss die dekorative Oberkante. In der dritten Schicht von oben wechseln ganze und halbe Steine, so dass ein gezahnter Effekt entsteht. Eine Rollschicht aus auf der Kante liegenden Ziegelsteinen bildet den Abschluss der Mauer.

Hinweis

Mauerwerk wirkt älter und verwittert, wenn man etwas Mörtel aus den Fugen herauskratzt und die Fugen dann, bevor der Mörtel ganz hart ist, mit der Drahtbürste bearbeitet.

Wasserspeier

Ein kleiner Hof oder eine ruhige Gartenecke gewinnt durch einen Wasserspeier viel Atmosphäre. Bei unserer Ausführung tritt ein dünner Wasserstrahl aus einer Maske an einer bogenförmigen Ziegelwand und fällt auf zwei aus der Mauer ragende Platten, bevor das Wasser schließlich in einem rechteckigen Becken aufgefangen wird. Wenn Sie das beruhigende und entspannende Geräusch eines plätschernden Wasserstrahls schätzen, sollten Sie sich unbedingt an diesem Projekt versuchen.

ZEIT
5 Tage (1 Tag mehr, wenn kein Fundament vorhanden ist)

SICHERHEIT
Lassen Sie kleine Kinder niemals unbeaufsichtigt in der Nähe von Wasserbecken spielen.

BENÖTIGTE MATERIALIEN UND WERKZEUGE

Material *für eine Mauer mit einer Höhe von 1470 mm, einer Breite von 948 mm und einer Tiefe von 805 mm mit Wasserspeier und Wasserbecken*

- Ziegelsteine: 205 Stück
- Dachziegel: 24 Stück, 245 x 152 x 10 mm
- Mörtel: 1 Teil (25 kg) Zement und 4 Teile (100 kg) Sand
- Putz: 1 Teil (25 kg) Zement und 4 Teile (100 kg) scharfer Sand
- Holz: 10 kurze Latten, 193 x 35 x 22 mm (für die Form); 1 Brett, 446 x 35 x 22 mm (Stangenzirkel)
- Sperrholz: 2 Platten, 690 x 345 x 6 mm (Form)
- Nägel: 20 Stück, 40 mm lang
- Schutzrohr aus Kunststoff: 4 m x Ø 50 mm (zum Schutz des Stromkabels und des Wasserschlauches)
- flexibler Kunststoffschlauch (Wasserschlauch): 2 m (muss an die Pumpe und durch das Schutzrohr passen)
- kleine Tauchpumpe
- Maske: 215 bis 290 mm hoch
- Isolieranstrich

Geräte und Werkzeuge

- Bandmaß, Lineal und ein Stück Kreide
- große Schere zum Ablängen des Wasserschlauchs
- Schubkarre und Eimer
- Vorschlaghammer
- Schaufel und Brett zum Mischen oder Betonmischer
- Maurerkelle und Fugenkelle
- Maurerhammer und Fäustel
- Prelleisen
- Wasserwaage
- Mehrzwecksäge
- Stichsäge
- Klauenhammer

WASSERSPIELE

Ein Wasserspeier ist ein traditionelles Element formal gestalteter klassischer Gärten, passt aber auch in moderne Gärten jeder Art.

Bei diesem Entwurf handelt es sich um eine freistehende Konstruktion. Meist wird ein Wasserspeier an einer bereits vorhandenen Mauer befestigt, was bedeutet, dass man die Wand aufhacken muss um die Wasserleitung und das Stromkabel zu verlegen – eine ziemlich aufwändige Angelegenheit. Dieses Becken mit Wasserspeier können Sie vor einer vorhandenen Mauer oder an einer beliebigen Stelle im Hof oder Garten (Stromanschluss vorausgesetzt) aufstellen. Die Leitungen sind in einem Hohlraum auf der Rückseite der Mauer versteckt.

Die Form des Beckens und der Mauer lässt sich natürlich variieren (kleinere Ausführung oder rechteckiger Abschluss beispielsweise), und man kann auch noch weitere Schmuckelemente einfügen. Der Wasserspeier selbst ist ebenfalls eine Sache des persönlichen Geschmacks. Vielleicht bevorzugen Sie eine etwas dezentere Form wie zum Beispiel einen Löwenkopf, oder Sie fertigen sich Ihre ganz persönliche Maske aus Ton oder Kupfer an.

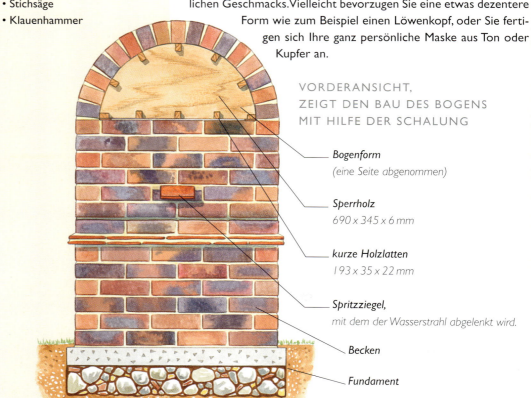

VORDERANSICHT, ZEIGT DEN BAU DES BOGENS MIT HILFE DER SCHALUNG

Bogenform (eine Seite abgenommen)

Sperrholz 690 x 345 x 6 mm

kurze Holzlatten 193 x 35 x 22 mm

Spritzziegel, mit dem der Wasserstrahl abgelenkt wird.

Becken

Fundament

Wasserspeier

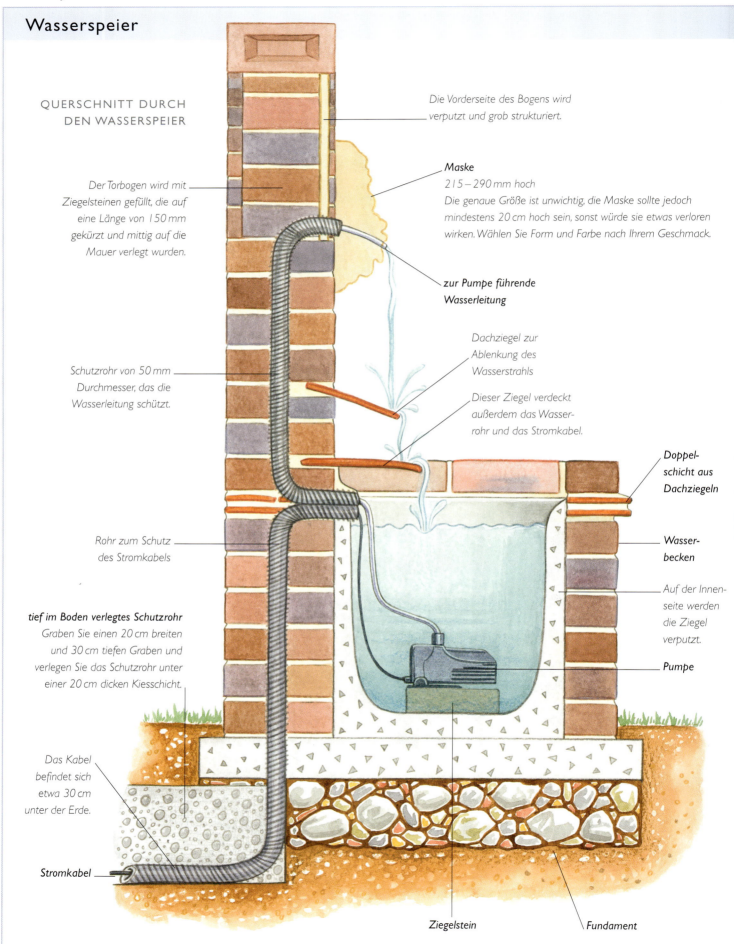

QUERSCHNITT DURCH DEN WASSERSPEIER

Der Torbogen wird mit Ziegelsteinen gefüllt, die auf eine Länge von 150 mm gekürzt und mittig auf die Mauer verlegt wurden.

Schutzrohr von 50 mm Durchmesser, das die Wasserleitung schützt.

Rohr zum Schutz des Stromkabels

tief im Boden verlegtes Schutzrohr
Graben Sie einen 20 cm breiten und 30 cm tiefen Graben und verlegen Sie das Schutzrohr unter einer 20 cm dicken Kiesschicht.

Das Kabel befindet sich etwa 30 cm unter der Erde.

Stromkabel

Die Vorderseite des Bogens wird verputzt und grob strukturiert.

Maske
215 – 290 mm hoch
Die genaue Größe ist unwichtig, die Maske sollte jedoch mindestens 20 cm hoch sein, sonst würde sie etwas verloren wirken. Wählen Sie Form und Farbe nach Ihrem Geschmack.

zur Pumpe führende Wasserleitung

Dachziegel zur Ablenkung des Wasserstrahls

Dieser Ziegel verdeckt außerdem das Wasserrohr und das Stromkabel.

Doppelschicht aus Dachziegeln

Wasserbecken

Auf der Innenseite werden die Ziegel verputzt.

Pumpe

Ziegelstein

Fundament

WASSERSPEIER 123

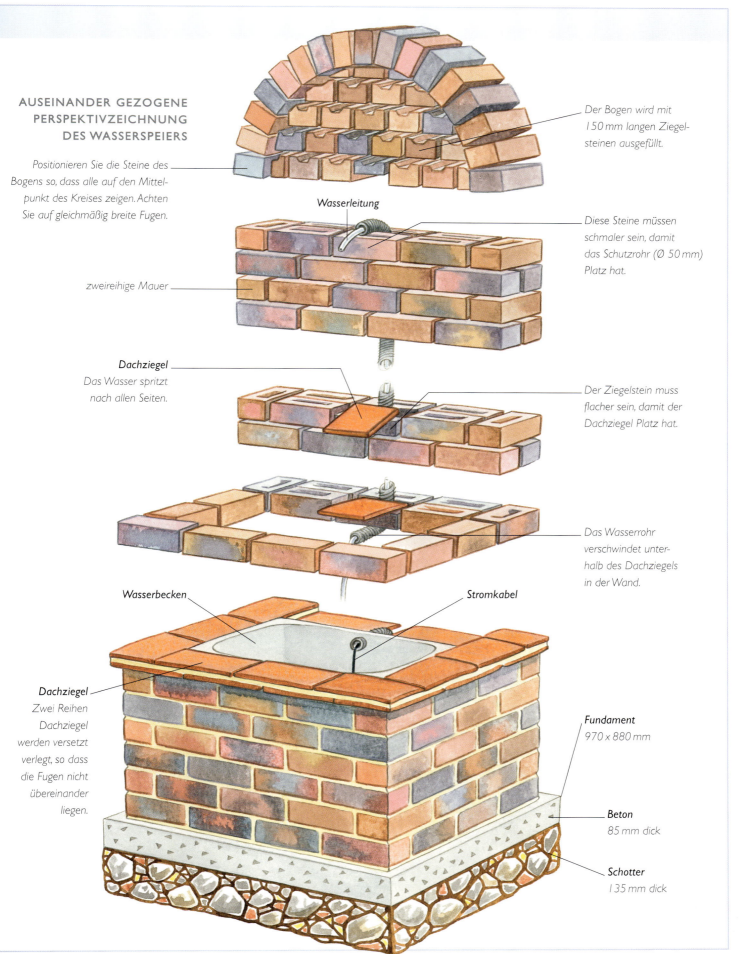

Wasserspeier

rückseitige Wand
Die rückseitige Wand des Beckens ist doppelt so breit wie die anderen Wände.

Schutzrohre
Planen Sie zwei Schutzrohre – eins für die Wasserleitung und eins für das Stromkabel – ein.

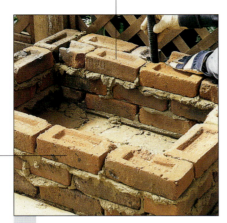

Mauern Sie das Becken im Läuferverband.

Haben Sie zwei oder drei Schichten fertig gestellt, sollten Sie allen überschüssigen Mörtel abkratzen und die Fugen zwischen den Steinen säubern.

Abdeckziegel
Decken Sie den Rand des Beckens mit einer doppelten Schicht Dachziegel ab.

1 Bauen Sie das Wasserbecken auf einer stabilen Terrasse (mit geeignetem Fundament: siehe Seite 21) oder legen Sie ein ebenes Fundament an (135 mm verdichteter Schotter, darüber 85 mm Beton). Markieren Sie den Grundriss des Beckens. Bauen Sie dann zuerst das Wasserbecken. Es hat eine einfache Rechteckform, seine Rückseite besteht aus zwei Ziegelreihen. In der äußeren Reihe werden die Schutzrohre verlegt. Kürzen Sie die Steine in der Mitte der Rückwand so weit, dass genügend Platz für das Schutzrohr bleibt.

2 Mauern Sie die ersten sechs Schichten. Legen Sie dann zwei Schichten so in ein 10 mm dickes Mörtelbett, dass sie etwas über die Mauer herausragen. Die Fugen müssen versetzt angeordnet werden, wie auf dem Foto zu sehen ist. Ordnen Sie die Dachziegel möglichst so an, dass Sie keine Ziegel zerschneiden müssen. Verlegen Sie dann die Schutzrohre.

Spritzziegel
Je nachdem, wie weit der Ziegel vorsteht und in welchem Winkel er eingesetzt wird, ändert sich das Spritzbild des Wassers. Lassen Sie etwas Wasser durch die Maske laufen und experimentieren Sie so lange, bis Sie das gewünschte Ergebnis erzielen. Markieren Sie dann die Lage des Ziegels.

3 Der obere Abschluss des Wasserbeckens besteht wiederum aus Ziegelsteinen. Schrägen Sie die Mörtelfuge zwischen der obersten Schicht und den Dachziegeln ab. Stecken Sie in der Mitte der Rückseite einen Spritzziegel in die oberste Fuge. Bauen Sie nun die Rückwand auf und schneiden Sie die Ziegel in der Mitte kürzer, so dass ein Hohlraum für das Schutzrohr entsteht. Schauen Sie sich auf der Zeichnung die optimale Anordnung an.

Hinweis

Manche der Steine um die Schutzrohre müssen längs aufgetrennt werden. Wenn Steine nur zu kürzen sind, kann man das auch mit Prelleisen und Hammer tun.

WASSERSPEIER 125

aus Sperrholz oder anderem Restholz bestehende Bogenform

Bogen
Die Ziegelsteine des Bogens werden auf die Kante gestellt.

Stangenzirkel
Mit einem Stangenzirkel markiert man den Halbkreis, der einen Radius von 345 mm hat.

Ein Stück Dachziegel sorgt für gleichmäßige Abstände.

Bogenform
Schieben Sie Holzkeile unter den unteren Rand der Form.

4 Stellen Sie die Rückwand fertig und vergessen Sie dabei nicht, den zweiten Spritzziegel einzumauern. Bauen Sie dann die Holzform für den Bogen. Markieren Sie dazu auf Sperrholzplatten zwei Halbkreise mit einem Radius von 345 mm. Das geht am besten mit einem Stangenzirkel (siehe S. 27). Sägen Sie die Halbkreise mit der Stichsäge aus. Nun verbinden Sie beide Teile wie im Projekt „Mauernische" auf den Seiten 94 bis 99 beschrieben.

5 Stellen Sie die Holzform auf zwei kleine Holzkeile und setzen Sie den Bogen zunächst probehalber auf (Ziegel stehen auf der Kante). Dann beginnen Sie mit dem Mauern, wobei Sie erst eine dicke schräge Mörtelschicht auftragen, die Ziegelsteine dann dort hinein drücken und ausrichten. Sind größere Korrekturen erforderlich, sollten Sie den betreffenden Stein lieber noch einmal herunternehmen und neuen Mörtel auftragen. Die Form lässt sich zum Schluss leicht entfernen, indem man die beiden Holzkeile herauszieht.

Schutzrohr
Beim Auftragen des Putzes müssen Sie darauf achten, dass das Schutzrohr nicht zurückrutscht.

6 Füllen Sie nun den Hintergrund des Bogens mit Ziegelsteinen, die auf eine Länge von 150 mm geschnitten sind und mit der Schmalseite nach vorn verlegt werden. Der Wasserschlauch sollte an der Unterkante des Bogens herausschauen. Verputzen Sie den zurückgesetzten Halbkreis und strukturieren Sie den Putz mit einem Holzbrett. Verputzen Sie schließlich die Innenseiten des Wasserbeckens mit Mörtel aus scharfem Sand, warten Sie, bis der Putz getrocknet ist und streichen Sie ihn dann mit einem speziellen Isolieranstrich. Warten Sie ein paar Tage, befestigen Sie dann die Maske und installieren Sie die Pumpe.

Putz
Bedecken Sie den zurückgesetzten Bogen mit einer Schicht Putz und strukturieren Sie diesen mit einem Stück Restholz.

Glossar

Abdecksteine Steine, die zur Abdeckung einer Mauer verwendet werden, um diese vor eindringender Feuchtigkeit und damit vor Frostschäden zu schützen.

Abziehlatte Eine lange Holzlatte mit gerader Kante zum planebenen Abziehen von Sand- oder Betonflächen.

Ausblühungen Salzablagerungen auf der Oberfläche von Ziegelsteinen, Fliesen und anderen Pflastermaterialien, die oft in der ersten Zeit nach dem Verlegen erscheinen und die man durch häufiges Abwaschen entfernt.

Aushärten Mehrere Tage dauernder chemischer Prozess, der zur Erhärtung des Betons führt. Während der Aushärtzeit ist dafür zu sorgen, dass die Betonfläche nicht austrocknet, da sonst Risse entstehen können.

Beton Mischung aus Zement, Wasser und Zuschlägen (Kies unterschiedlicher Körnung) zum Gießen von Fundamenten und Grundplatten. Beton kann per Hand oder in einem Zwangsmischer gemischt werden. Für Fundamente und Pflasterarbeiten verwendet man in der Regel eine Mischung aus einem Teil Portlandzement und vier Teilen Sand der Körnung 1–16 oder 1–32 mm. Für größere Projekte bietet es sich an, Transportbeton zu bestellen.

Binder Mauerstein, der im rechten Winkel zur Mauer verlegt wird.

Blockverband oder Parkettverband Verbandsart, bei der jeweils zwei Pflastersteine nebeneinander und im rechten Winkel zu den folgenden zwei Steinen verlegt werden.

Dehnfuge Fuge in einer Betonplatte, die dafür sorgt, dass die Platte sich ausdehnen und zusammenziehen kann ohne dabei zu reißen.

Fischgrätverband Pflasterverband, bei dem jeder Stein im Winkel von 90° zu den Nachbarsteinen verlegt wird und am Nachbarstein um die halbe Länge übersteht.

Läufer Mauerstein, der längs zur Mauer verlegt wird.

Läuferverband Ein Verband, bei dem die Mauersteine einer Schicht die darunter liegenden jeweils um die Hälfte überlappen. Ein Läuferverband beim Pflastern bedeutet, dass die Steine längs hintereinander und in benachbarten Reihen um die Hälfte versetzt verlegt werden.

Mörtelsand Sand der Korngröße 0–4 mm, der zum Anmischen von Mörtel verwendet wird.

Prelleisen Ein Stahlmeißel mit sehr breitem Blatt, der von einem Fäustel getrieben und zum Zerteilen von Steinen und Steinplatten verwendet wird.

Rollschicht Oberste Schicht einer Mauer, die aus auf die Kante gestellten Ziegelsteinen besteht. Die Rollschicht sorgt für besseren Wasserablauf und schützt die Mauer so vor Frostschäden.

Rüttelplatte Motorbetriebener Stampfer zum Verfestigen von lockerer Erde, Sand oder Schotter.

Schalung Rahmen aus Holz oder anderen Materialien, der den Beton während des Aushärtens in einer bestimmten Form hält. Beton kann einen großen Druck auf die Schalung ausüben, sie sollte deshalb sehr stabil gebaut werden.

Schicht Eine Reihe Steine wird beim Mauern als Schicht bezeichnet. Mehrere Schichten bilden eine Mauer.

Schotter Zerstoßene Steine, Ziegelbruch und Ähnliches. Wird als Tragschicht unter Betonfundamenten auf Lehmböden oder anderen instabilen Böden verwendet. Auch für Drainagezwecke geeignet.

Setzstufe Senkrechter Teil der Stufe, der zur Unterstützung der Trittstufe dient.

Trittstufe Eigentliche Lauffläche, die man beim Begehen einer Treppe betritt.

Verband Anordnung von Steinen beim Mauern oder Pflastern. Der Verband dient der Stabilisierung und der optisch ansprechenden Gestaltung der Mauer.

Zement Bindemittel, das Mörtel und Beton höhere Festigkeit und Widerstandskraft gegen Feuchtigkeit verleiht. Die gängigste Art ist Portlandzement. Zement wird meist in 25 kg-Säcken angeboten.

Register

A

Abdeckschicht, 16, 17, 18, 29, 56–61, 62–67, 74–85, 94–99, 106, 111–125
Abziehlatte, 13, 38–45
Ansichten, 10
Ausblühungen, 31

B

Bandmaß und Lineal, 12, 21, 34–53, 56–61, 68–91, 94–105, 108–125
Beete, 10, 11, 15, 20, 80–85
Beton, 12, 13, 17, 18, 19, 20, 21, 22–23, 25, 26, 29–31, 46–53, 56–67, 70–71, 74–91, 94–105, 114,119
Betonpflastersteine, Platten und Fliesen, 14, 16, 18, 19, 20, 24, 25, 31, 50–53, 56–61, 108–113
Bögen, 11, 15, 19, 26–29, 94–99, 108–125
Bogenschalung, 15, 19, 94–99, 108–125
Bohren und Bohrer, 15, 46, 80–85

D

Dachziegel, 14, 18, 24, 25, 27, 34, 46–49, 56–68, 74–85, 92, 106, 108–125
Dekoration und Details, 10, 62, 80–85, 106–107
Drainage, 17, 20, 30

E

Eimer, 13, 22, 23, 34–53, 62–91, 94–105, 108–125
Entwurf, 10–11

F

Fäustel, 14, 24, 25, 31, 34–45, 56–61, 80–85, 94–99, 114–125
Fundamente, 10, 12, 13, 15, 17, 20–23, 26, 29, 30, 34–53, 56–91, 94–105, 108–125
  vorhandene, 12, 21, 29, 62, 68–73

G

Grabegabel, 13, 34–45, 50–53, 74–79, 100–105, 108–119
Grillplatz, 11, 20, 21, 42, 108–125
Größe, 10

H

Harke, 13, 38–41, 42–45
Hochbeet, 11, 15, 56–61
Holzhammer, 15, 46–49, 80–85, 94–99

K

Kanten, 11, 20, 30, 34–49, 100–105
Kies, 13, 17, 20, 22, 23, 30, 38–53, 74–91, 94–99, 108–125
Klauenhammer, 15, 38–41, 46–53, 68–73, 86–91, 94–105, 114–125
Kopfsteine, 18, 54, 114–119
Kostenkalkulation, 10
Kreissäge, 14, 25
Kunststoffplane, 10, 23

M

Markieren, 10, 12, 21, 26, 48, 52, 60, 72, 118
Maßstab, 10
Mauern, 10, 11, 12, 16, 20, 21, 26, 28, 29, 31, 42–45, 56–85, 94–106, 108–125
Maurerhammer, 14, 24, 56–91, 94–105, 114–125
Maurerkelle, 12, 14, 15, 24, 26, 27, 34–53, 56–91, 94–105, 108–125
Messen, 10, 12, 21, 22, 23, 26
Messwerkzeuge, 12
Metallsäge, 15
Mörtel, 10, 12, 13, 14, 15, 17, 21, 22–23, 26, 27, 29–31, 34–53, 56–91, 94–105, 108–125

N

Nägel und Nageln, 27, 38–41, 46–53, 68–73, 94–105, 108–125

P

Pergola, 107
Pflastersteine und Pflastern, 17, 18, 19, 20, 21, 23, 50–53, 86–91, 100
Pflege, 31
Pflöcke und Schnur, 12, 21, 26, 34–45, 50–53, 74–85, 94–105, 114–119
Planung, 10–11, 24
Prelleisen, 14, 24, 25, 31, 34–37, 42–53, 56–61, 74–91, 94–99, 108–125
Putz, 17, 22, 120–125

R

Rautenmuster, 28, 68–73, 107
Rüttelplatte, 13, 20, 38–45

S

Säge, 15, 38–41, 46–53, 68–73, 94–105, 114–125
Sand, 13, 17, 20, 21, 22, 23, 27, 34–53, 56–91, 94–105, 108–125
Säulen, 11, 29, 46–49, 74–85, 107, 114–119
Schalung, 12, 15, 19, 21, 30, 38–41, 46–53
Schatten, 10
Schaufel, 12, 13, 22, 23, 34–41, 46–53, 56–91, 94–105, 108–125
Schichtenlatte, 27
Schotter, 12, 13, 17, 20, 21, 29, 30, 34–53, 56–67, 70, 80–91, 94–99, 108–125
Schubkarre, 13, 22, 23, 34–53, 62–91, 94–105, 108–125
Schutzrohr, 15, 120–125
Setzstufen, 30, 86–91
Sicherheit, 7, 10, 12, 13, 14, 22, 24, 25, 100
Sperrholz, 10, 15, 19, 27, 68–73, 94–105, 108–119
Spitzhacke, 13, 104
Stangenzirkel, 15, 27, 80–91, 94–105, 108–125
Steine, 12, 17, 18, 19, 25, 27, 28, 42, 46–49, 74–79, 92, 94–99, 114–119
Steinkugeln, 74–79
Steinspalter, 14, 25
Stichsäge, 15, 94–105, 114–125
Stromversorgung, 10, 15, 25, 100–105, 120–125
Stufen, 10, 11, 16, 30, 42, 74, 78, 86–93
Stützpfeiler, 29, 62, 114

T

Teilen
  Betonmaterialien, 14, 24–25, 56–61
  Fliesen, 14, 24–25, 46–49, 56–61, 67, 80–85
  Ziegelsteine, 10, 12, 14, 24–25, 29, 42–45, 50–53, 56–61, 80–91, 94–99, 111, 114–125
Terrassen, 10, 11, 13, 16, 17, 19, 20, 21, 28, 30, 42–45, 50–62, 68, 74, 77, 92, 100–105, 108–113
Tonziegel, 14, 18, 19, 24, 25, 46–49, 56–68, 74–79, 85, 92, 108–125
Trennschleifer, 14, 25
Truhenbank, 11, 68–73

V

Verdichten von Schotter, 13, 17, 20, 21, 30
Verdichten von Beton, 21, 50–53, 86–91, 100–105
Verfugen, 14, 17, 22, 23, 27, 31, 46–53, 56–91, 94–105, 108–125
Vogelbad, 11, 20, 46–49
Vorschlaghammer, 13, 34–53, 74–79, 80–91, 94–105, 108–119

W

Wasserbecken und Wasserspiele, 10, 11, 15, 19, 100–105, 120–125
Wasserwaage, 12, 26, 42–53, 56–91, 94–105, 108–125
Wege, 11, 17, 19, 20, 28, 30, 38–41, 42
Werkzeuge und Material, 10, 12–19
Winkelschleifer, 12, 14, 24, 25, 56–61

Z

Zement, 13, 17, 19, 22, 23, 27, 34–53, 56–91, 94–105, 108–125
Zementmischer, 10, 13, 23, 34–53, 56–91, 94–105, 108–125
Ziegelsteine und Arbeitstechniken
  Abmessungen und Proportionen, 10, 12, 17, 24, 41
  Absorption, 22, 27
  Binder, 16, 28, 29, 62–67, 86–92, 107, 120–125
  Bögen, 94–99, 108–125
  Farbe, 10, 16, 28, 38, 41, 54, 56, 68–73, 106–107
  Frosthärte, 16
  Fugen, 14, 17, 26–28, 30, 31, 46–53, 56–91, 94–105, 108–125
  Halbsteine, 26, 29, 80–85, 114–119
  Handgestrichene, 16, 34–37
  Kanten, 34–49
  Läufer, 16, 26, 28, 29
  Mauern, 42–45, 56–85, 94–195, 108–125
  Mauern und Pflastern, 23, 26–28
  Muster, 28, 30, 38–45, 56, 68–73, 86–92, 106–107
  Normalformat, 17, 24
  Pflege, 31
  Reichsformat, 17, 24
  Reinigung, 15, 31
  Rollschicht, 62–67, 74–91, 94–99, 106, 114–119
  Säulen, 46–49
  Schichten, 12, 26, 29, 46–49, 56–85, 94–125
  Steine aus zweiter Hand, 10, 17, 38–41
  Stufen, 86–91
  Teilen, 10, 12, 14, 24–25, 29, 42–45, 50–53, 56–61, 80–91, 94–99, 111, 114–125
  Terrassen, 42–45, 50–53
  Textur, 10, 16
  Typen, 10
  Verbände, 24, 28, 30, 56–79, 94–106, 108–125
  Verfugen, 14, 17, 22, 23, 27, 31, 46–53, 56–91, 94–99, 100–105, 108–125
  Wege, 38–41
Zuschlagstoffe, 17, 23